Reliure Devel

CHASSE A TIR

MOYENS, PRATIQUE ET BUT

TRADUIT DE L'ANGLAIS

D'APRÈS JAMES DALZIEL DOUGALL, F. S. A., F. Z. S.

PAR

LE V^{TE} DE HÉDOUVILLE

PARIS

E. PLON ET Cie, IMPRIMEURS-ÉDITEURS

RUE GARANCIÈRE, 10

—

1880

Tous droits réservés

CHASSE A TIR

MOYENS, PRATIQUE ET BUT

L'auteur et les éditeurs déclarent réserver leurs droits de traduction et de reproduction à l'étranger.

Ce volume a été déposé au ministère de l'intérieur (section de la librairie) en avril 1880.

PARIS. TYPOGRAPHIE DE E. PLON ET Cⁱᵉ, RUE GARANCIÈRE, 8.

CHASSE A TIR

MOYENS, PRATIQUE ET BUT

TRADUIT DE L'ANGLAIS

D'APRÈS JAMES DALZIEL DOUGALL, F. S. A., F. Z. S.

PAR

LE Vte DE HÉDOUVILLE

PARIS

E. PLON ET Cie, IMPRIMEURS-ÉDITEURS

RUE GARANCIÈRE, 10

1880

Tous droits réservés

PRÉFACE DU TRADUCTEUR

Chasse à tir, — n'est-ce pas un titre bien tentant pour beaucoup de Français? On aime encore la chasse, avec cette différence, toutefois, que le cercle des chasseurs s'est beaucoup accru et que les grands propriétaires, qui seuls chassaient autrefois, ont un peu abandonné les anciennes traditions pour ne plus faire que des battues où le tir joue un plus grand rôle que la chasse proprement dite. Néanmoins, à la veille de l'ouverture, qui ne se souvient des émotions que l'on éprouve? C'est un des sports les plus passionnants et dont on se fatigue le moins. Nous lisons toujours avec soin toutes les publications qui paraissent sur cette matière, parmi lesquelles nous avons rencontré un ouvrage écrit en anglais, qui a eu un très-grand succès dans le pays; ce livre nous a paru si juste, si bien écrit, et surtout si nouveau dans son ensemble, que nous avons cru intéresser les sportsmen du continent en le leur traduisant ; nous nous sommes efforcé de rendre fidèlement les opinions et les expressions de l'auteur ; nous demandons un peu d'indulgence pour la forme, toujours difficile à calquer.

DE HÉDOUVILLE.

INTRODUCTION

L'homme, comparé aux autres animaux, est moins bien partagé, sous le rapport des moyens d'attaque et de défense, en proportion de ses exigences. Ses besoins sont multiples, et les moyens naturels qu'il a pour les satisfaire sont d'un ordre inférieur. Il n'a ni les dents du lion, ni les griffes du tigre, ni la ruse du renard pour fasciner, frapper et dévorer sa proie. Sa peau est douce et lisse et a besoin d'être protégée par des vêtements, excepté sous la zone torride; et encore, s'il s'enveloppe des fourrures épaisses des autres animaux, n'a-t-il ni la vitesse nécessaire pour les atteindre, ni, une fois atteints, la force qu'il faut pour les saisir et s'en rendre maître.

Il est obligé d'avoir recours aux moyens artificiels pour subvenir à la majorité de ses besoins. Ces moyens lui sont suggérés par sa raison. Dès les premiers âges, sa puissance d'observation lui a fait découvrir l'élasticité du bois; de là est sorti l'arc. Simultanément, sinon auparavant, il avait remarqué qu'un homme qui avait un bras long pouvait lancer une pierre plus loin que celui qui n'en avait qu'un court; il prolongea la longueur de son bras par le moyen de la fronde. Pas à pas, il perfectionna l'art de lancer des projectiles, tant à la guerre qu'à la chasse, et finalement, appelant la chimie à son aide, il obtint, grâce à la poudre, une élasticité supérieure à tous les instruments antérieurs.

Lentement et pendant un espace de plusieurs siècles, l'homme a perfectionné la manière d'employer cet agent puissant : la poudre à canon. Le principe est resté le même; l'emprisonner et l'allumer dans un espace fermé : la culasse du fusil. Mais dans le moyen de charger, d'allumer ensuite, dans les matériaux et les dimensions des armes à feu, dans les mille détails qui font du métier d'armurier un véritable art, il a été dépensé une dose de travail et d'adresse qui passe tout ce qu'on pourrait s'imaginer quand on voit un fusil ou un canon. Notre but, dans les pages qui vont suivre, est de toucher légèrement aux récentes inventions dans la construction des armes à feu, et de mettre sous les yeux et à la portée de tous le résultat d'observations d'une vie entière; nous y ajouterons les raisons pour lesquelles un fusil doit bien ou mal tirer. En second lieu, nous essayerons d'enseigner quelque chose de l'art de la chasse à tir, en un mot, sa pratique; et, en troisième lieu, nous tâcherons d'expliquer le but de la chasse. Quels sont les gibiers considérés comme sport? Ce dernier point nous a été inspiré par les attaques qu'on a dirigées contre les sports en plein air; les ennemis qui se sont montrés ont hautement proclamé que leurs arguments étaient inattaquables, simplement parce que les sportsmen n'ont pas pris la peine d'y répondre, ou, s'ils l'ont fait, cela n'a été qu'en quelques mots écrits sans réflexion, et en termes moins serrés que ceux de leurs adversaires. Nous espérons répondre à ces attaques frivoles avec succès.

Jamais dans l'histoire on ne s'est plus occupé des différentes variétés d'armes que depuis vingt-cinq ans. On a commencé à la nouvelle saisissante de la découverte du lieutenant Minié, de l'armée française. Cet officier avait trouvé une nouvelle balle de fusil qui produisait des effets étonnants. Et depuis ce moment, ce n'est pas exagéré de dire que les deux plus grands et plus intéressants problèmes des temps modernes reposent, d'un côté, sur la manière d'envoyer le plus loin et le plus fort possible des projectiles, et de l'autre, sur la façon de construire des vaisseaux et des murailles capables d'y résister.

Les armes de chasse ont naturellement joué un rôle dans cette étude progressive, et il serait difficile même de dire si on ne s'en est pas occupé avant les armes de guerre. Les sportsmen se servaient de fusils se chargeant par la culasse avant qu'ils fussent adoptés dans l'armée, c'est incontestable; mais il ne s'ensuit pas que l'invention en soit antérieure. Les gouvernements, comme toutes les réunions d'hommes, sont lents à se mouvoir; tandis que les sportsmen agissent de leur propre initiative et avec vivacité.

Cette grande révolution qui s'est accomplie dans les armes à feu a nécessité des recherches très-approfondies dans toute la partie mécanique du fusil. Nous en dirons un mot dans ce volume, et nous espérons qu'on nous excusera si nous y consacrons un plus grand espace qu'on ne le fait généralement.

Reprenons l'histoire des armes. Nous disons que depuis les âges les plus reculés, l'homme a cherché les engins les plus capables de lancer un projectile au loin. Le javelot, le plus primitif de ces engins, était naturellement lancé avec la main; les muscles du bras étaient l'agent propulseur. En Australie, on avait le *boormerang,* qui était un progrès, puisqu'il était construit de façon à changer sa direction en l'air, au point de revenir à son point de départ. La fronde, augmentant le pouvoir du bras, fut vraisemblablement le moyen employé ensuite ; puis vinrent l'arc et la flèche et les composés, tels que catapultes et autres engins de guerre et de chasse. Dernièrement l'élasticité du caoutchouc a été appliquée au lancement du harpon et paraît avoir réussi.

Nous pouvons garantir que la puissance combinée de deux cordes élastiques est très-grande, surtout si on les a tendues séparément et qu'on les lâche toutes deux ensemble ; dans tous les cas, l'élasticité, ou inversement la contractilité, sont les principaux agents. Les armes à feu reposent sur les mêmes principes. La puissance de contraction des muscles du bras de l'homme n'est qu'un phénomène d'élasticité sous une autre forme ; et l'élasticité des gaz produits par la combustion de la poudre n'est qu'une multiplication de l'élasticité de l'atmosphère. Ce qui se rapproche le plus des armes à feu comme pratique c'est la sarbacane des Indiens du sud de l'Amérique, qui envoient par le simple moyen de leurs poumons un trait empoisonné.

Les gamins au collége, en Allemagne, arrivent à

une grande adresse en se servant d'un tube de bois de six pieds de long. Il y a une cinquantaine d'années, nous avons connu des ouvriers armuriers qui étaient arrivés à faire mouche à vingt mètres avec une boulette en argile lancée par un canon de fusil. Tous ces engins sont tellement tombés en désuétude que nous avons oublié leur puissance. On fabrique encore aujourd'hui des cannes avec lesquelles on peut percer une pièce de vingt sous à plusieurs mètres. Dans toutes ces sarbacanes, le souffle est l'agent. La vapeur elle-même, qui rend tant de services à l'humanité, n'est qu'un développement de cet agent et a souvent été proposée pour remplacer la poudre.

L'Écriture et l'histoire ancienne témoignent à chaque instant de l'adresse des frondeurs, qui formaient une partie si importante dans les armées; il est prouvé que les projectiles ayant aussi près que possible la forme de balles coniques étaient en usage dans l'ancien temps, si nous nous souvenons juste, à la bataille de Marathon! On peut dire qu'il n'y a rien de nouveau sous le soleil. Archibal dAlison, dans son *Histoire de l'Europe* (t. IX, p. 181), nous dit que les Patagons, montés sur leurs chevaux petits, mais forts, déchargaient leurs frondes avec une telle adresse qu'ils pouvaient frapper n'importe quel animal à quatre cents mètres.

La poudre à canon elle-même donnera peut-être un jour une force supérieure à celle d'aujourd'hui. En 1857, nous avions prévu que la composition de la poudre serait changée.

Depuis, nos prédictions ont été réalisées, et on nous croirait difficilement si nous énumérions les différents brevets qui ont été pris pour les nouvelles matières explosibles. C'est le problème du moment.

L'art de tuer du gibier courant ou volant est si répandu aujourd'hui, et les manufactures de fusils perfectionnés si nombreuses, que des lecteurs seront surpris d'apprendre qu'on s'en sert depuis si peu de temps. Un auteur décrit en 1748 le coup d'adresse extraordinaire et presque *incroyable* d'un homme du temps qui avait tué un corbeau au vol. A une période plus reculée encore, la chasse à tir est à peine connue, et le livre intitulé : *Récréation des gentlemen,* 1686, décrit la manière de prendre toutes sortes d'oiseaux, depuis le faisan jusqu'au roitelet, à l'aide de filets et avec de la glu; et les chiens n'étaient employés que pour chasser les perdreaux dans les filets. Il en était de même de la chasse au gibier d'eau : les chiens étaient dressés à ce genre de sport qui se pratiquait au moment de la mue, c'est-à-dire, à l'époque où les oiseaux ne peuvent pas voler.

Les canons de fusil étaient alors d'une longueur extraordinaire, ce qui rendait difficile le tir des objets volants. On lit dans l'ouvrage dont nous venons de parler : « Que le fusil le plus estimé est celui qui a le canon le plus long, cinq pieds et demi ou six pieds, n'importe le calibre de l'arquebuse. Dans le procès Tichborne, il en a été question. On voulait préciser l'époque d'un fusil trouvé au fond d'une mare depuis longtemps, et lord chief justice Cockburn fit cette question au témoin, propriétaire de l'arme : — C'est un ancien modèle, je suppose? Réponse : Oui, milord, le canon a six pieds de long. (Rires.) Le public, à la cour, riait de cette longueur absurde; de même qu'il y a deux cents ans on aurait ri en parlant d'un fusil de $0^m,60$. » Les canons faits en Espagne, si célèbres un moment, avaient aussi une longueur démesurée. Ces canons ont été les meilleurs de l'Europe pendant longtemps; mais aujourd'hui ils sont surpassés de beaucoup par les Anglais.

Les personnes curieuses de se rendre compte de ce fait, n'ont qu'à examiner les canons forgés par Nicolas Biz, qui vivait à Madrid, et mourut en 1724 :

ils sont excellents; de même que ceux de ses contemporains, Juan Belez et Juan Fernandez. Ces canons étaient vendus 1,100 francs le canon, ce qui équivalait environ à 2,000 francs de l'argent actuel. Ils étaient composés de fer provenant de fers à cheval non tordus, mais soudés dans leur longueur; et ils mettaient un tel soin dans la fabrication et dans la pureté du métal, qu'ils employaient pour forger un seul canon quarante livres de fer, et que, une fois terminé, il ne pesait que sept livres!

De même, pour les autres parties du fusil, les perfectionnements qu'on y a apportés ont été de nature à rendre le fusil plus pratique. L'invention des canons tordus, qui donne une grande force, avec un poids relativement minime de la culasse nouvelle, et par-dessus tout la découverte du mode d'inflammation de la poudre au moyen de la capsule à percussion, ont contribué à faire abandonner la pierre à fusil et l'acier, et ont permis de laisser de côté les canons trop longs et trop volumineux. Tel qu'il est fait aujourd'hui, le fusil de chasse est un mécanisme presque parfait; mais sa simplicité apparente est le résultat d'inventions et d'améliorations successives de détail qui, en somme, ont coûté beaucoup de temps et beaucoup d'argent. Encore maintenant, le génie inventif se porte sur les différents modes de chargement, de combustion, et aussi sur la façon d'obtenir la plus grande force en tirant.

En 1856, on importa du continent le fusil de chasse se chargeant par la culasse, qui a détrôné son vieux concurrent. Quant aux sportsmen de ce pays-ci, quoique le fusil à piston a encore tenu bon pour la chasse devant soi et pour les chasses dans les pays lointains, le fusil d'alors était loin d'être parfait, et s'il était assez résistant pour les charges légères du continent, il ne l'était pas pour la force de nos poudres et nos charges. Ceci se manifesta bientôt par les joints du fusil qui se disloquaient. Comme il arrive souvent, nos armuriers perfectionnèrent l'arme. Nos ouvriers sont moins inventifs que ceux du continent; mais ils savent mieux travailler, et dans toutes les branches de l'industrie ils *finissent* mieux. Un de nos principaux buts sera, non pas d'expliquer en détail le mécanisme du fusil, mais de raisonner sur sa construction.

Notre tâche sera accomplie si nous parvenons à nous faire comprendre des jeunes sportsmen et à leur enseigner comment et pourquoi un fusil est bon ou mauvais; quelle est la manière de charger, de viser, et d'autres choses aussi simples et utiles.

Quoique nous sachions fort bien qu'on ne peut pas remplacer par une instruction écrite la pratique dans la campagne, qui seule donne l'expérience nécessaire à la main et à l'œil, nous croyons que l'on peut donner des conseils utiles qui contribueront à rendre plus vite adroits, et que le jeune sportsman n'en sera pas moins capable de bien tirer, soit sur les montagnes, soit dans le bois, parce qu'il saura quelque chose de l'instrument dont il se sert.

Nous nous heurtons contre une difficulté, dans l'espèce, c'est qu'il n'y a pas de règle absolue qui nous dise ce qu'un bon fusil doit être. Un chronomètre, par exemple, est fait pour mesurer le temps. S'il le fait, nous n'en demandons pas plus. Mais le fusil a une mission non définie. Il existe encore une autre difficulté : les contradictions apparentes.

L'espace me manquerait pour vider cette question à fond, en admettant que nous pussions le faire. Il faut donc faire une transaction dans le raisonnement, ce qui fera croire à nos lecteurs que nous n'avons pas compris parfaitement le sujet. Nous croyons parfaitement que cette application n'appartient qu'à nous seul.

L'ART DE LA CHASSE A TIR

PREMIÈRE PARTIE

MOYENS

CHAPITRE PREMIER

DU CANON.

§ I. — *Construction du canon.*

Le canon du fusil en est la partie essentielle; les autres parties peuvent être mauvaises et mal faites; la clef peut être très-dure, que disons-nous? peut ne pas exister du tout (plus d'un cerf est tombé en Écosse sous la boulette en argile lancée par la lumière d'un canon, par un petit gamin du pays revêtu du kilt traditionnel, embusqué derrière un fossé); la crosse peut n'être ni solide ni jolie; mais sans un bon canon toute vertu et toute supériorité sont enlevées au fusil. Les qualités requises pour un canon sont la force, la légèreté, l'élasticité, la balance et la puissance de tir. Pour obtenir ces avantages, il est nécessaire que le métal employé soit de qualité supérieure ; qu'il soit dur et cependant élastique, et en même temps travaillé pour que le grain du fer possède le plus de résistance possible à l'action dilatatoire de la poudre. Quand les canons étaient soudés en long, c'est-à-dire parallèllement au forage, il fallait une très-grande force et par suite un grand poids ; mais l'invention des lames en spirales a permis aux fabricants de faire des canons forts et légers. C'est surtout sur les canons que s'est exercé le génie inventif. On les a forgés avec toute espèce de fer et d'acier, avec de vieilles faucilles, des aiguilles, des fils de fer, des clous de fer à cheval et avec cent autres choses. On les a fait avec des doubles spirales de fer et d'acier combinés de différentes façons.

De toutes ces expériences il est résulté que les canons faits avec des clous de maréchaux étaient les meilleurs dans la classe des fusils lourds, et que parmi les armes légères, le fer appelé Damascus (mélange à parties égales de fer et d'acier, mais qui une fois fini ne contient plus que de l'acier, à cause de la décarbonisation du fer en le forgeant) était préférable à tout autre. — Il n'y a pas de variété de fer où moins de fusils n'aient éclaté à l'essai. La matière est une association de clous et de ressorts de voitures, bien nettoyés et mêlés; ils sont travaillés ensemble et formés en canon de fusil par une série d'involutions les unes sur les autres, ce qui fait que le pouvoir de résistance réside dans toutes les parties.

On a essayé de soutenir pendant un temps une variété de métal appelé l'acier-argent; mais cela n'était pas sérieux, car il aurait fallu dépenser beaucoup trop pour faire une pièce sûre.

Est-ce que tous les canons de fusil ne sont pas fabriqués à Birmingham ou quelquefois hors de Londres? Certainement non.

Les tubes à l'état brut sont forgés en dehors de Londres, mais les travaux plus sérieux, tels que l'épreuve, l'assemblage, le côtage et le fini, sont faits à la capitale. C'est dans ces travaux-là que l'artisan de Londres peut donner cours à son savoir-faire. Tout fabricant sait, quelle que soit sa spécialité, que certains ouvriers très-exercés arrivent à posséder une dextérité et un talent inouïs dans l'accomplissement de leur tâche. Aucun savant n'a pu remplacer la paume de la main d'une femme pour polir le papier mâché et autres articles analogues; de même aucune machine n'a pu encore remplacer la touche de l'habile faiseur de canons de Londres, pour se servir du tour ou d'autres appareils. Il ne se sert du tour que pour marquer sur le canon plusieurs marques à certaines distances, et il travaille ensuite à la main entièrement, se servant d'une espèce de lime qu'il tient dans le creux de sa main. Il a l'air de connaître le degré d'épaisseur rien qu'en y regardant. Il lime le canon de façon à le rendre également fort tout partout, et creuse le métal si adroitement que le fusil à l'extérieur présente le segment d'un large cercle! C'est de là que dépendent la légèreté et la balance combinée avec la force du tir. Naturellement on pourrait arriver au même résultat en dehors de Londres, mais cela n'est pas; et la raison est que les gages que l'on donne ailleurs sont insuffisants pour payer un homme de sa peine et du temps qu'il passe à cet ouvrage. Les meilleurs ouvriers accourent à Londres, et il est probable que cela se passera encore longtemps comme cela.

On a besoin d'une très-grande force de résistance dans la partie basse du canon, et par suite l'épaisseur du métal doit être beaucoup plus grande dans les derniers cinq centimètres vers la culasse; cette épaisseur diminue le recul et fait que le fusil porte mieux. Vers l'extrémité du canon, un fusil n'est jamais trop mince; tant qu'il sera assez fort pour ne pas se bosseuer au contact des objets étrangers, il sera bien; jamais il n'éclatera par là. Nous parlons des armes de première qualité, bien entendu : ainsi une paire de canons Damascus pourra avoir la moitié de l'épaisseur des canons faits avec du fer à deux sous, surtout à l'extrémité, et c'est ce qui donne la balance dans les bons fusils. Le poids à cet endroit étant réduit autant que possible, le fusil arrive de lui-même à l'œil.

Les canons sont souvent exposés à présenter des fentes; il y en a de plusieurs sortes; les fentes ou craquelures longitudinales sont plus dangereuses que les fentes horizontales. De plus, ils enflent quelquefois comme des tubes en verre chauffés que l'on souffle; ce phénomène avait lieu beaucoup plus souvent avec les fusils à piston et ne se produit guère aujourd'hui.

La côte tracée entre les deux canons doit être plate et lisse. Elle est d'autant plus élevée que le canon est plus long. Les canons modernes, très-épais à la partie inférieure, dispensent d'élever la côte, et e fusil gagne à l'œil. Maintenant si un sportman a une tendance à tirer dessous, on peut y remédier, sans changer le canon, en mettant une surélévation à la fausse culasse comme dans la figure suivante :

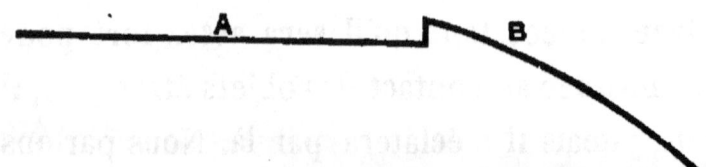

Le guidon est une petite boule de métal placée au milieu de la côte. Plus le chasseur tire lentement, plus il aime l'avoir gros; mais avec un bon tireur, c'est presque inutile. Cependant, quand on chasse le canard à la brune, ou quand on tire dans les jungles où la vie est en jeu, un bon point de mire en argent ou en platine est recommandable.

Nous sommes en train de faire un fusil pour la chasse aux canards qui a un diamant très-cher comme point de mire ! On a même essayé de marquer ce point avec du phosphore : en somme, un bon tireur qui a les deux yeux bien ouverts n'a pas besoin de tout cela, et son fusil tirera dans la direction qu'il aura en vue. Les Chinois n'épaulent pas, et ils ne manquent presque jamais leur coup !

§ II. — *Longueur des canons.*

Le canon qui, en proportion de sa largeur, enverra du plomb avec la plus grande force et la plus grande régularité, tout en étant parfaitement cylindrique, sera celui qui aura la longueur voulue ; mais cette longueur, à l'exception des petits calibres, sera exagérée pour l'usage journalier ; et par le moyen du forage et de l'arrangement des métaux dans la section du canon, on obtiendra le même résultat ; dans les fusils à percussion, la règle est de lui donner $0^m,75$. Nous ne parlons que des calibres ordinaires, 12, 14 ou 16, avec du plomb n° 6. Cette longueur est le résultat d'expériences. Et c'est bien la meilleure longueur aussi.

Le lecteur est prié d'observer que dans cette question, comme dans tout ce qui regarde la science de l'armurier, il n'y a rien d'absolu. Ce qu'il faut pour bien tirer, c'est avoir une arme facile à mettre en joue, plutôt encore qu'une arme qui aura une force de projection très-grande. On atteindra plus loin avec un calibre long de $0^m,84$, qu'avec un fusil de $0^m,65$.

Il y a quelques années, nous avons tué un perdreau volant seul à plus de cent mètres.

Il y a là une preuve évidente que la vitesse s'est maintenue ; ce qui ne peut s'expliquer que par l'action du gaz de la poudre dans le fusil de $0^m,84$ de long. On sait que la vapeur augmente sa vitesse sur un projectile, tant qu'elle est en contact avec ce projectile ; il en est de même de la poudre, quoique avec une vitesse bien supérieure. Dans l'exemple que nous avons cité, l'oiseau volait au-dessus d'un champ à une grande distance et très-haut; n'ayant encore tiré que fort peu, et voulant essayer la fameuse poudre « Schultz », nous risquâmes un coup au hasard, et à notre stupéfaction, la pauvre bête qui nous avait servi pour expérimenter la projection, tomba roide morte, en décrivant des spirales dans les airs. A côté de cela, le même jour, nous avons manqué beaucoup de coups qui auraient été très-faciles, avec un canon moins long.

Il est donc certain que les canons longs tirent plus serré et par conséquent atteignent le gibier à une plus grande distance ; en outre, les canons courts envoient bien la charge avec la même vitesse, mais principalement les grains de plomb qui se trouvent au centre : aussi risque-t-on souvent de toucher avec des grains moins perçants. Ceci saute aux yeux, quand on y réfléchit. Plus le canon est court, plus la ligne divergente est prononcée. Pour bien comprendre ceci, tracez une ligne droite de cinq pouces de long sur une feuille de papier, puis tracez-en une seconde à angle aigu avec la première, d'un pouce de long et s'écartant d'un seizième de pouce ; marquez l'extrémité de la première ligne par un point ou un oiseau volant, et vous verrez combien peu de chances vous avez de le frapper.

Tracez maintenant une ligne d'un pouce et demi en longueur, mais s'écartant aussi de la première ligne d'un seizième, vous verrez que, quoique dans cette ligne plus longue l'erreur soit la même, les chances d'atteindre l'oiseau sont augmentées. On comprendra mieux si on fait le dessin sur une plus grande échelle.

La figure vous indique où ira la ligne de tir du canon court et celle du canon long, avec la même erreur dans l'action de viser. — Ceci ne s'applique pas aux personnes qui tirent les deux yeux ouverts. Avec ce système, on vise instinctivement, sans suivre le canon avec l'œil; mais dans tout autre cas, quand l'on vise avec soin, le canon long est bien plus sûr. Nous conseillons cependant aux jeunes gens d'éviter ce mode de tirer, et s'il n'est pas trop présomptueux de notre part d'introduire notre propre expérience sur la matière, nous serions partisan résolu des canons de 0^m,65 à 0^m,68, de préférence à tout autre, avec un calibre 12 au maximum; nous les avons tous essayés, et nous nous en sommes servi dans toute espèce d'occasion. Mais il ne s'agit pas de fermer un œil et de se préoccuper de suivre le gibier, car on ne pourra pas garder son fusil dans la bonne direction en même temps : les deux yeux sont indispensables, et même quelquefois on a encore besoin de quelque chose de plus.

Une des questions qui se posent le plus fréquemment aux chasseurs est celle de savoir s'il y a avantage à couper les

canons d'un fusil. Un monsieur possède un fusil de
$0^m,82$ qui tire bien; il est bien à son épaule, mais
trop lourd pour lui et mal équilibré. Les armuriers, jusqu'à ces derniers temps, prônaient les
fusils de plus de $0^m,82$; car, en dehors de toute
autre considération, les canons longs tirent mieux,
et le travail du forage est absolument le même que
celui des canons courts et ne coûte pas davantage. Il
était donc naturel qu'on les recommandât, et cela
avec un certain fondement. Mais le fusil, examiné
avant d'en prendre livraison et trouvé bon, se faisait sentir après une journée de fatigue, et les poignets n'en pouvaient plus. On en voit même qui,
pour rétablir l'équilibre mal compris, ont du plomb
à la crosse. Ceci est un mal de plus, et ne remédie
à rien du tout. Ne voulant pas abîmer un bon
fusil, le propriétaire préfère, à moins qu'il ne soit
très-riche, se contenter de son fusil de $0^m,82$,
et s'en va grognant chaque fois qu'il s'en sert; il
questionne tout le monde sur ce qu'il doit faire, et
les avis sont si différents, qu'il cesse de faire son
enquête. Le fait est que les canons peuvent être
coupés avec un bon résultat, si le forage est changé
pour s'accorder avec la nouvelle longueur, et tout
le mystère de la réussite gît dans ce point : a-t-on
touché au forage? Mais il est clair comme le jour
que si l'on coupe un canon sans le retoucher, on

gâte l'arme. D'un autre côté, il peut arriver, pour des raisons trop techniques pour que nous vous en parlions ici, que le tir gagne après la section du canon; en effet, ce raccourcissement augmente la rapidité de la charge qui était peut-être diminuée par la condensation de l'air. Comme il est dans la nature humaine de publier les succès obtenus et de cacher les défaites, nous lisons souvent des lettres écrites à des journaux de sport, où des messieurs assurent qu'ils se sont bien trouvés de faire couper leurs fusils, et le public croit naturellement que c'est une règle invariable. Si un fusil, avant d'être coupé, avait la couche voulue, il est facile de comprendre que pour le garder juste, il faut recourber la crosse. Si, au contraire, la crosse était très-recourbée, il est possible que la faute ait été rachetée.

§ III. — *Du calibre.*

L'importance du calibre d'un fusil est grande; c'est d'après le calibre que se règle le poids et la longueur de l'arme selon le gibier que l'on veut tuer. Le calibre est le nombre de balles que le canon contient à la livre : un calibre 12 en a 12 à la livre, et ainsi de suite; et comme la longueur normale est $0^m,75$, le calibre 12 est devenu le calibre favori, et avec raison. Avec ce calibre, un fusil de $0^m,75$

peut peser de 33 à 38 hectogrammes, et cela sans trop repousser, si le métal du canon est bien fabriqué. Il est curieux de noter en parlant plutôt des fusils à baguettes, qu'avec une charge de poudre ordinaire les petits calibres enverront mieux du petit plomb, et l'inverse a lieu dans les gros calibres. Les canons longs par exemple de $0^m,84$, cal. 12, tireront fort bien du petit plomb, du 7, et même du gros avec moins de poudre. Nous connaissons des chasseurs qui vont aux canards avec du 8 !

Il est fort difficile d'écrire sur le fusil, car on se heurte à chaque pas contre des paradoxes quand on n'en fait pas soi-même : aussi la meilleure théorie ne vaut pas l'expérience. — En disant petits calibres, nous voulions parler de 16 ou de 20; mais le principe est vrai si nous allons plus loin, et un fusil calibre 36, de 1 mètre de long, enverra du plomb à une distance énorme. Nous avons construit un de ces fusils pour le docteur Rac, l'explorateur des contrées arctiques, et il nous a raconté qu'il pouvait atteindre des oies sauvages à des hauteurs considérables.

On se sert quelquefois du calibre 20. Ils sont certainement très-bons pour les plombs 6 et 7, et surtout à l'ouverture; quand il fait chaud, leur poids, qui est environ de 3 kilos, est très-avantageux. Mais pour la chasse d'hiver, où l'on ne porte son fusil que pendant quelques heures, on peut avoir une arme plus lourde, et nous préférons un calibre 12 ou même 10. Si on n'a qu'un fusil, il vaut mieux avoir le calibre 12 ; on le charge moins en primeur. Du temps des fusils à baguette, le calibre 14 était très-apprécié.

Les plus forts calibres employés, en admettant que l'on épaule, sont les 10 et 8, avec 0^m,75 de long ; ils pèsent de 5 à 6 kilos, et sont plutôt utilisés pour la chasse aux oies ou aux canards sauvages.

Les fusils après avoir servi longtemps ne tirent plus bien, et il faut les forer à nouveau. Il n'y a rien de mystérieux dans le procédé ; mais il faut faire cette opération avec jugement et un soin énorme ; on doit employer des instruments parfaits en eux-mêmes. Il est parfois amusant de lire les prospectus des maisons qui offrent de forer les fusils avec des machines. Machines ! lesquelles ? nous n'en connaissons pas, et ensuite, s'il y en avait, le jugement et la délicatesse en seraient exclus.

Une personne compétente peut dire tout de suite, à l'inspection de l'arme, si le fusil peut être coupé ou reforé ; et dans le cas de l'affirmation, il est inutile de dépenser de l'argent pour n'arriver qu'à un résultat fort douteux. On peut aussi améliorer, grâce à beaucoup d'adresse, un fusil qui écarte trop ou resserre trop sa charge, et comme nous l'avons dit plus haut, il ne faut jamais faire couper un canon sans le faire revoir tout partout ; car il y a mille à parier contre un que ce changement a complétement altéré l'ensemble du fusil, et qu'il écartera trop.

Un mot pour terminer cette question du canon. Les sportsmen sont portés à croire que le tir dépend beaucoup du poids. Ils pèsent leurs canons et ceux de leurs amis, et les trouvant un peu légers, ils en concluent que ces canons ne sont pas aussi bons, qu'ils tireront moins bien ou tout au moins repousseront. Aucun de ces inconvénients n'est la conséquence forcée du poids; et si le métal est réparti proportionnellement sur toute la longueur du canon, la supériorité, s'il y en a une, sera plutôt du côté des canons légers et des crosses lourdes. Il ne faut pas exagérer ce principe; mais, d'un autre côté, rien ne tire plus mal que des canons trop lourds. On a souvent proposé d'unir les deux canons en en mettant un plus haut que l'autre; pour augmenter la chance d'atteindre le but avec le coup, tirer en second lieu généralement le gauche. Toutes ces complications, qui semblent superbes en théorie, n'ont aucun fondement en pratique, et cette idée est une de plus à ajouter à la quantité de rêves stupides qui ont été faits. Du reste, quand l'on vise avec les deux yeux, cet arrangement devient inutile.

CHAPITRE II

DE LA CROSSE.

§ I. — *Crosse proprement dite.*

La crosse doit être faite pour le tireur. Avec une crosse qui n'a pas la longueur voulue ou la courbure qu'il faut, on peut tirer juste à force de temps et de pratique, mais jamais on n'obtiendra cette rapidité et cette sûreté de tir qui se plient à toutes les circonstances ; on ne jouira de ces avantages qu'avec un fusil bien approprié à chacun. En épaulant le fusil, il ne faut pas être obligé d'allonger le cou. L'œil une fois fixé sur un point éloigné et le fusil à l'épaule, quatre points doivent se trouver en ligne droite, sans la chercher ; ces quatre points sont : l'objet visé, le guidon, le centre des chiens et l'œil du tireur. Pour savoir si une crosse est bien à votre main, visez des objets éloignés en épaulant avec les deux yeux ouverts, puis, en fermant un œil, voyez si mécaniquement vous êtes tombé juste. Alors si l'œil gauche étant fermé et le fusil bien dans la même position, vous ne voyez pas l'objet, la crosse est trop courbée ; si vous voyez la côte tout du long, la crosse est trop droite, et enfin si la ligne de tir passe sur le bord gauche ou droit de la côte, la crosse n'est pas d'aplomb. Avec un fusil bien à votre main, l'action de viser est instantanée, et le tireur, sans être un bon fusil, y trouvera un grand avantage.

On voit donc qu'il peut y avoir bien des observations à faire sur la crosse d'un fusil. Elle peut être trop droite ou trop courbée, trop courte ou trop longue, trop rejetée à droite ou à gauche. Si elle est trop droite, le fusil tirera trop haut; si trop courbée, il tirera trop bas; si trop longue ou trop courte, la rapidité du tir s'en ressentira, et si elle est de travers, le fusil tirera de côté. Si l'on tire à gauche, la crosse doit être inclinée du côté opposé où elle l'est dans la figure. Cette figure représente un fusil vu d'en haut; l'inclinaison de la crosse à droite est exagérée pour que l'on juge mieux. Peu de tireurs font assez attention à la crosse, et comme c'est un point important, nous en dirons quelques mots.

C'est la courbe latérale que l'on donne à la crosse, généralement de dedans en dehors, qui permet au centre de la culasse de se trouver devant l'œil droit. En visant un objet tranquillement, on penche naturellement le cou à droite, et on se met en ligne avec le centre des chiens; mais en chasse il n'en est pas de même, et l'on vise souvent trop à gauche, ce qui fait qu'on touche à gauche. C'est une des raisons par lesquelles il est plus difficile de tuer un oiseau qui vole de gauche à droite que de droite à gauche. Un des meilleurs moyens d'essayer un fusil est de viser son propre œil droit dans une glace placée à 5 ou 6 mètres. Un armurier qui connaît son métier choisira un fusil pour un tireur mieux qu'il ne pourra le faire pour lui-même. Il le pourra certainement si le tireur avoue ses défauts ; aussi est-il indispensable à un bon armurier d'être chasseur.

Nous pouvons dire que si l'on veut écrire un livre sur le fusil et lire tout ce qui a été dit à ce sujet, on ne saurait plus qu'écrire ! Nous avons récemment lu beaucoup pour trouver des renseignements de dates, etc., et nous amuserions bien les lecteurs en leur racontant les contradictions flagrantes et les principes absurdes que nous avons rencontrés. Bien des théories erronées ont été répandues sans qu'on y réponde. Par exemple, un auteur dit que la crosse courbée fait tirer trop haut. Le livre a cent ans et prouve combien peu on comprenait le tir autrefois. Dans cet exemple, il est évident qu'on a confondu l'élévation du canon avec l'élévation de la crosse.

Un fusil qui aura la forme désirée sera bon s'il tire juste quand on vise avec les deux yeux ouverts ; et avec un tel fusil, le chasseur aura bientôt l'habitude de tirer juste. C'est cette manière de viser qui est le comble de l'adresse : on est maître de l'objet qu'on vise en ne le perdant pas de vue, et on a une bien plus grande chance de le redoubler. Aussi est-il absolument nécessaire que le fusil aille bien au tireur, et que la crosse ait la longueur et la courbure voulues. Comme exemple, prenez un homme qui frappe un clou ; comment s'y prend-il? ferme-t-il un œil pour suivre le marteau avec l'autre? non, n'est-ce pas? il ouvre les deux yeux tout grands et frappe sans jamais manquer son coup s'il en a l'habitude. Il en est de même à la chasse ; on jette son fusil à l'épaule, la tête bien droite, les yeux fixés sur l'objet visé, et le fusil est laissé à lui-même ; quand on sent qu'il a la position désirée, on lâche la détente, et le gibier tombe simplement, parce que le fusil comme le marteau convient au tireur, et obéissant à l'œil suit le vol du gibier. De cette façon aussi la pièce tombe généralement roide morte, et on évite l'ennui de courir après des oiseaux démontés ou des lièvres blessés : ce dernier inconvénient est surtout écarté, ce qui est bien utile, car rien n'est plus désagréable au monde. L'invention du stéréoscope et autres instruments d'optique ont démontré la véracité de cet argument. C'est une grande satisfaction pour un auteur guidé par l'esprit de vérité de voir, comme c'est toujours le cas, que des idées reçues d'abord froidement dans le public acquièrent de la force avec le temps. Bien des sportsmen ne veulent pas croire au système du tir les yeux ouverts, et quand il s'agit de fusil de guerre, on n'en veut pas du tout. Dans l'armée, on le défend même absolument, sans se préoccuper de savoir quelle en serait la conséquence pour le tir. Nous avons plus d'une fois pris un fusil des mains d'un soldat, et sans avoir jamais vu l'arme, nous avons fait mouche au premier coup sans fermer l'œil gauche. On le croit si peu, qu'il nous fallut recommencer avec deux juges nous guettant. Il y a de cela soixante ans environ ; depuis, encore dernièrement, nous avons gagné un match avec un fusil de petit calibre, à une distance de 200 mètres. Notre concurrent était un des meilleurs tireurs de Wimbleton et avait souvent remporté des prix. Nous n'avons aucune prétention comme tireur à la cible, mais nous tenions à mentionner le fait à l'appui de notre système. Nous croyons pouvoir affirmer que c'est une grave erreur de forcer le soldat à fermer un œil, et dans des combats à distance, le mal est encore plus grand.

On ne saurait trop réfléchir que c'est grâce à nos deux yeux que nous jugeons des distances. Avec un œil, nous pouvons bien nous rendre compte de certaines distances, comme par exemple en chemin de fer. Là, le mouvement rapide qui nous est imprimé change vite les positions respectives des objets sur des plans différents. Les choses qui se trouvent près de nous semblent passer ce qui est plus éloigné très-rapidement, et ce qui est plus éloigné passe plus lentement les objets encore plus loin. Ces objets forment, grâce au mouvement, divers angles presque équivalents à la convergence des axes optiques quand nous restons en place. Un oiseau qui passe à 20 mètres d'un chasseur qui n'a qu'un œil pourra bien être vu et la distance appréciée, mais seulement d'après la vitesse avec laquelle il passera devant les objets plus éloignés. Ces moyens de comparaison ne vaudront jamais la puissance même que nous avons de juger des distances, grâce à nos deux yeux : le chasseur est maître de son tir, et son fusil suit son oiseau tout naturellement. Quand on ferme un œil, il faut lâcher la détente aussitôt, sans quoi, à moins que l'on ne vise en avant, on tirera derrière.

Quand on tire avec les deux yeux, on n'a pas besoin de marquer de temps d'arrêt ; jamais on ne perd l'oiseau de vue et on tire, quand le jugement vous indique que le fusil est bien. On sait toujours si on a tué ou non, tandis que dans l'autre cas on ne le sait presque jamais.

Nous ne voudrions pas écrire sous une forme dogmatique : il y a des personnes qui ne peuvent pas regarder dans un stéréoscope, et par conséquent qui ne peuvent pas se servir de leurs deux yeux à la chasse. C'est un malheur, mais qui ne détruit pas notre système. Nous ne saurions donner des conseils à ces personnes-là ; souvent elles se servent de lunettes.

Sans lunettes, il est préférable de tirer avec le meilleur œil ; mais laissons cette digression qui rentre dans les questions scientifiques.

On trouvera dans le n° 92 de la revue intitulée : *Once a Week* (samedi 30 mars 1861), un article qui a pour titre *De la stéréoscopie oculaire*, signé D. P., qui peut s'appliquer à l'action de viser. Nous conseillons de le lire. Citons-en quelques passage :

« La vision bioculaire, ou la faculté de voir avec deux yeux, est un des éléments les plus importants dans la vue ; c'est à elle que nous devons de nous rendre compte des distances..... Peu de gens croiront que la vision monoculaire est privée de toute connaissance des distances... Placez sur la table un verre vide et à côté une carafe pleine d'eau, puis étendez le bras en fermant un œil et versez le contenu de la carafe dans le verre. Quand bien même vous réussirez, vous verrez combien c'est difficile, et si vous ouvrez l'autre œil, la difficulté cessera : cela ne prouve-t-il pas clairement que dans le premier cas vous manquiez de guide pour juger de la distance?

On éprouvera la même hésitation en voulant souffler une bougie avec un œil fermé. »

Avec une grande habitude, on tire quelquefois bien avec un œil, mais on n'est jamais sûr de bien juger de la distance, et on diminue sa puissance optique, qui est si importante dans le tir. Les hommes qui ont les yeux très-écartés tirent toujours mieux, uniquement pour cette raison. Plus les yeux sont rapprochés, moins le surcroît de puissance de l'usage des deux yeux se fait sentir.

N'est-il donc pas bizarre de voir tant de sporstmen vouloir concentrer dans le diamètre d'une seule rétine le pouvoir double que leur a donné la nature ?

Quand la crosse est trop courbée, la bouche du canon est déprimée. — C'est une grosse faute. — Il est préférable d'avoir une crosse trop droite que trop courbe. La règle est que l'on doit voir distinctement en suivant la côte un tiers de sa longueur, à partir de la bouche. Cela élève le tir et augmente la portée. Les meilleurs tireurs que nous ayons connus appliquaient ce principe.

Il existe parmi les sportsmen une idée enracinée et parfaitement fausse, qui consiste à croire que les canons du fusil sont trop *couchés,* et que néanmoins la courbure de la crosse est juste. C'est même comique de voir cette question qui revient sur le tapis de temps en temps dans les journaux du sport. On y lit : « Mon fusil tire en dessous ; la crosse me convient parfaitement, mais ce sont les canons qui penchent en bas. » Eh bien, quand les canons semblent pencher, c'est tout uniment parce que la crosse est trop courbée. Il ne peut pas y avoir deux sortes de courbes. On a construit les canons de façon à former un angle avec la crosse. Le degré de courbe à donner à la crosse est indiqué par la distance qui se trouve entre le point supérieur extrême du talon de la crosse et une ligne imaginaire qui suivrait la côte du fusil et se prolongerait en arrière.

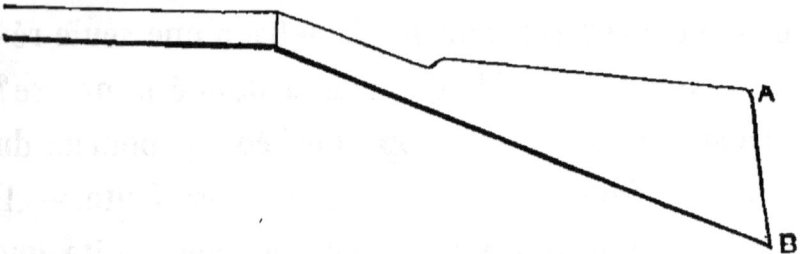

En faveur de leur argument ils relèvent les canons, et par là réduisent la distance dont nous parlons ; donc si la crosse avait été faite plus droite, le résultat aurait été le même.

On se rend parfaitement compte qu'il ne peut pas y avoir deux angles à la crosse d'un fusil : examinez le biais du talon de la crosse A à sa pointe B ; quand ce biais existe d'A en B et que le fusil est posé à terre, les canons seront perpendiculaires ; si au contraire la ligne AB est perpendiculaire, ils pencheront en avant, et il est probable que le fusil placé horizontalement à l'épaule inclinera en avant. Mais l'épaule doit guider pour donner ce biais de la ligne AB ; on a tort de regarder cette partie du corps comme une surface plate, comme le plancher, et cette erreur fait commettre des fautes.

On prétend que le recul se fait moins sentir avec une crosse courbée : la raison en est que la crosse courbée repousse sur le bras et répartit la secousse. Mais comme plus la résistance à l'action du gaz développé est directe, plus la charge est envoyée avec force, une crosse droite, qui reçoit directement le coup, peut contribuer à mieux tirer ; aussi il faut chercher à remédier à l'inconvénient du recul par d'autres moyens.

Le bois de la crosse doit être dur et résistant. Le noyer est le meilleur. On choisit de préférence un noyer arrivé à son développement et droit dans ses fibres. Le noyer américain est très-employé, quoique très-lourd. L'érable fait de très-jolies crosses, mais c'est un bois rare, et il faut le garder longtemps pour lui faire perdre un acide qui peut nuire à l'arme. On se sert aussi du frêne. La forme doit être élégante, et l'endroit que l'on prend dans la main aussi mince que possible, puis devenir tout à coup très-épais ; la poignée ne doit jamais être ronde, pour ne pas rouler dans la main.

Dans certains fusils on ajoute à la partie gauche

une place pour la joue droite; c'est très-utile pour les tireurs qui saignent des lèvres par suite du recul; on peut adapter cette pièce après coup.

Une bonne chose pour un homme très-gros et ayant un cou court, comme cela arrive généralement dans ce cas-là, c'est d'ajouter une poignée de pistolet. Le fusil est alors mieux en main; les personnes qui ne peuvent pas arriver à tirer vite s'en trouveront bien aussi. Cette poignée n'a pas besoin d'être volumineuse, comme on l'a souvent faite; elle remplace la prolongation de la garde, qui souvent coupe les doigts par la vibration.

Pourquoi voit-on des sportsmen qui, sans perdre rien de leurs moyens physiques, tirent plus mal en vieillissant? Pour qu'ils ne changent pas la courbure de leur crosse, ils emploient le même fusil que dans leur jeunesse et ne tirent plus si bien. Là-dessus, il faut voir l'individu pour corriger la crosse; mais en règle, à mesure que l'on avance en âge, il faut raccourcir la crosse et accentuer la courbure.

Autrefois on vernissait les crosses; aujourd'hui on les frotte avec de l'huile, ce qui est bien préférable; il faut se servir d'huile de lin crue, car l'huile bouillie fait un emplâtre collant désagréable.

§ II. — *La platine.*

La platine est une partie essentielle dans le fusil; elle doit être aussi simple que possible dans sa construction, mais limée à merveille. Le ressort principal doit être facile et plutôt fort que lourd; il faut le tremper avec grand soin.

§ III. — *Gâchettes.*

Les gâchettes doivent être larges, épaisses et longues, bien courbées pour que le doigt s'y emboîte bien. Le devant est plat et courbé en arrière pour que le doigt, après avoir tiré, puisse glisser facilement en arrière. Les bords sont arrondis pour empêcher les coupures. Pour les personnes nerveuses qui hésitent entre les deux gâchettes, on fait une petite marque à l'une d'elles; mais ceci peut blesser le doigt à la longue. — Bien des tireurs se font mal au doigt en tirant le coup gauche avec la gâchette droite : c'est très-douloureux et désagréable; il est facile de remédier à cet inconvénient en mettant une petite charnière à la gâchette droite, qui se repliera à la moindre pression; nous recommandons beaucoup ce petit perfectionnement.

CHAPITRE III

DU RECUL.

Le recul d'un fusil est causé par le pouvoir expansif de la poudre qui, se faisant sentir dans toutes les directions, s'exerce aussi bien sur l'épaule par l'intermédiaire de la crosse que sur la charge. Si la poudre était allumée dans une chambre également forte de tous côtés, les gaz qui se produisent feraient éclater cette chambre. On comprend donc que tout fusil dans lequel on consommera de la poudre doit repousser; néanmoins ce recul se fait quelquefois si peu sentir que c'est à peine si l'on s'en aperçoit. Le recul se produit cependant également dans tout fusil de même calibre et chargé de même; c'est seulement grâce à la force d'inertie et à la forme de la crosse que certains fusils en parent l'inconvénient. La force du recul dépend du poids de l'arme et du poids de la charge dans un sens inverse; le poids du tireur doit aussi entrer en ligne de compte ainsi que la façon dont il maintient son fusil et l'appuie à son épaule. On peut résister en s'appuyant en avant; ainsi un coup de fusil tiré presque perpendiculairement comme dans la chasse aux corbeaux ou aux canards repousse toujours beaucoup. Ceci vient de ce que le choc se produit dans la direction du sol, qui ne cède pas, tandis que ordinairement le corps recule tant soit peu.

Il est par suite de première nécessité que le sportsman épaule bien solidement en tirant. On a essayé bien des systèmes pour éviter le choc, tels que des ressorts placés au talus de la crosse; mais on a abandonné tout cela comme ne satisfaisant pas. L'action de la charge est beaucoup trop rapide pour permettre aux ressorts de jouer.

Quand les canons sont trop minces près de la culasse, l'effet de l'expansion latérale de la poudre se fait sentir, et il s'ensuit une vibration très-violente que l'on confond souvent avec le recul. On a longtemps cherché la cause de cette vibration : le fait est que des canons très-larges à la base, quoique pesant plus que des canons épais, vibreront avec la même charge, et ce choc latéral agit sur le système nerveux et occasionne des maux de tête; la conséquence en est que l'on tire mal. Il faut bien faire attention à ce défaut-là en achetant un fusil, et c'est d'autant plus difficile que, par le fait, en l'essayant on trouve qu'il ne repousse pas; ce n'est qu'à la longue que l'on s'en aperçoit. Le tir devient tout à fait défectueux si l'on continue à se servir de ces armes.

Une opinion assez avérée est que le recul dépend du point où la poudre s'enflamme, ainsi qu'il existe surtout quand le point n'est pas situé derrière la poudre et que ce sont les grains de poudre placés derrière qui, en brûlant, partent en arrière. Ceci est tellement peu vrai que des séries d'expériences ont prouvé que le recul était diminué d'autant que le point d'inflammation était plus près du centre de la poudre, c'est-à-dire à un point équidistant de la culasse et de la bourre supérieure ; nous n'avons pas les détails de ces expériences, mais à la place nous donnerons celles que le gouvernement français a fait faire. On verra que la position de la lumière a très-peu de rapport avec le recul. Ces expériences ont été faites par M. Leclerc, armurier du roi Louis XVI. Le canon avait 30 pouces français de long pesant en tout 28 livres. La charge était de 3 grammes de poudre et de 330 grammes de plomb n° 4 ; la cible, une feuille de papier de 20 pouces sur 10 placée à 45 pas.

Voici le tableau :

PREMIÈRE SÉRIE

BOURRES EN CARTON.

DISPOSITION DE LA LUMIÈRE.	NOMBRE de coups	RECUL.				NOMBRE DES GRAINS DE PLOMB SUR LE CENTRE DE LA CIBLE
		Pieds.	Pouces.	Lignes.	Moyenne.	Moyenne.
	1	1	0	3	}	36 }
	2	0	10	3	} 0.11.6½	14 } 27
	3	1	0	3	}	31 }
Lumière à 2 lignes de la plaque de culasse	1	1	3	9	}	45 }
	2	1	2	0	} 1.3.0	33 } 34
	3	1	3	3	}	26 }
Lumière à 6 lignes. id.	1	1	0	10	}	38 }
	2	0	11	11	} 1.0.6	20 } 25
	3	1	0	9	}	18 }
Lumière à 12 lignes. id.	1	1	1	7	}	27 }
	2	1	0	3	} 1.1.0½	17 } 26
	3	1	1	4	}	35 }

Extrêmes 0.10.3 et 1.3.9. — Moyenne du recul 1.1.0.
Extrêmes des grains de plomb sur la mouche 14 et 45.

Quant à nous, et grâce à notre propre expérience, nous avons longtemps été d'avis que le point d'enflammation n'avait rien à faire avec l'effet du recul, et nous avons éprouvé un sentiment de grande satisfaction en nous trouvant d'accord avec ces tableaux. — La question, qui a été si agitée parmi les

DEUXIÈME SÉRIE

BOURRES EN FEUTRE.

DISPOSITION DE LA LUMIÈRE.	NOMBRE de coups	RECUL.				NOMBRE DES GRAINS DE PLOMB SUR LE CENTRE DE LA CIBLE.		
		Pieds.	Pouces.	Lignes.	Moyenne.	Moyenne.		
Lumière à 2 lignes.	1 2 3	1 1 1	1 4 2	1 0 0	1.2.4 ½	40 78 37	51	
Lumière à 6 lignes.	1 2 3	1 1 1	0 2 3	7 3 3	1.2.0 ¼	44 40 41	41	Moyenne 45
	1 2 3	1 1 1	3 2 3	3 9 2	1.3.1	32 50 53	45	
Lumière à 12 lignes.	1 2 3	1 1 1	4 2 2	5 7 5	1.3.1 ½	60 21 54	44	

Extrêmes 1.0.7.1.4.5. — Moyenne du recul 1.2.8 1/2.
Plombs extrêmes 21 et 78.

armuriers, reste néanmoins encore non résolue par le fait de l'invention du fusil à aiguille prussien. Dans ce fusil, qui au dire de l'inventeur ne repousse pas (ce qui est une vanterie de sa part), la charge de poudre est enflammée par devant, de façon que s'il devait y avoir du recul, il serait aussi fort que possible. L'examen de ce phénomène nous amena, en l'année 1858, à faire une série d'expériences qui se terminèrent par l'invention du fusil à enflammation antérieure, pour lequel nous primes un brevet en 1859. Par ce mode d'enflammation, le fusil présentait à l'extérieur la même apparence qu'un autre, mais la flamme de la capsule était conduite au travers de la poudre par un tube en acier jusqu'au point voulu[1].

Les résultats obtenus passèrent de beaucoup notre attente, quoiqu'il soit presque impossible de dire quelle est au juste la supériorité de l'enflammation en avant sur celle usitée.

Nous étant occupé des perfectionnements des fusils de chasse se chargeant par la culasse, nous avons négligé cette invention qui arrivait un peu tard pour être appliquée aux armes de chasse, quand les fusils Lefaucheux venaient d'être inventés.

Nous avons cependant assez vu la chose pour pouvoir dire que tant que ce mode d'enflammation de la poudre ne sera pas adopté, le maximum de la puissance de la poudre restera inconnu; qu'on forge

---

[1] On sera peut-être bien aise de savoir que la flamme d'une bonne capsule qui traverse un tube étroit mettra le feu à la poudre à 0^m,20 de distance, et que, à moins qu'il n'y ait une bourre ou quelque autre obstacle devant la poudre, la flamme la traversera sans l'allumer et ira emflammer une charge de poudre bien bourrée plus loin sur le tube.

des canons monstrueux avec des marteaux à vapeur, ces canons ne conserveront jamais leur poudre, si on l'allume par derrière. Ce n'est pas ici que nous devons discuter des questions personnelles ; mais nous sommes persuadé que tôt ou tard le gouvernement introduira ce système. On chercha à résoudre le problème en se servant de poudre à gros grains appelée « *pebble* » ; c'est une voie tout à fait fausse. Cette poudre se brûle si peu, qu'en 1873, quand on a salué le Schah de Perse à Portsmouth, une charge de poudre tomba sur le pont d'un yacht situé à une certaine distance et blessa plusieurs individus ; une grande partie de la charge agit comme de la mitraille ! Si la poudre avait été enflammée par devant, chaque grain en aurait été consumé.

Nous avons aujourd'hui, en 1879, la satisfaction de pouvoir dire que d'après les rapports sur les expériences avec le canon de 80 tonnes, le gouvernement anglais a adopté notre système d'enflammation de la poudre au centre de la charge, exactement comme nous le donnions en 1859 dans notre modèle ; la valeur de ce système d'ignition est facile à comprendre, par le fait que la charge de poudre faisant l'office d'un vaste coussin de $1^m,52$ de longueur, enflammer une telle masse de poudre par un bout, comme dans l'ancien système, aurait été en envoyer par la gueule du canon une grande quantité non consumée et augmenter le recul d'une façon notable. Recevrons-nous ou non une récompense, pour avoir fait cette immense découverte? Nous l'ignorons encore.

Pour en revenir à la question du recul : il ne faut pas oublier que les remarques ci-dessus s'appliquent à des canons dans un état parfait de propreté, et qu'elles cessent d'être vraies selon les circonstances. Ainsi, un canon mal foré donnera un recul plus violent; ceci se produira également si le canon est sale après un tir très-nourri, puisque la résistance éprouvée pour déloger le plomb sera plus grande.

On se figure à tort qu'il est préférable de bien sentir le fusil repousser à l'épaule; car, comme il est avéré que ce choc répété est très-fatigant et nuit à la justesse du tir, il faut trouver la charge exacte qui donnera le plus de force possible, sans se faire sentir au recul; on verra en la cherchant qu'on peut ajouter beaucoup de poudre et très-peu de plomb, car la résistance occasionnée par le plomb se fera sentir tout de suite. — Dans l'excitation de la chasse, on ne s'aperçoit pas autant du recul qu'à la cible; là, le corps du tireur est au repos et perçoit bien plus le choc. Dans les champs, au contraire, le corps, étant en mouvement, contre-balance le choc et le neutralise.

Il est donc prouvé que les causes du recul sont : le manque de force d'inertie du fusil, la trop grande charge, surtout de plomb, et les canons mal forés ou encrassés ; les remède serait donc un grand soin à apporter dans le choix d'un fusil : d'abord examiner spécialement la partie du canon qui avoisine la culasse ; il doit être enflé dans les derniers cinq centimètres ; visiter le forage, le charger d'après le calibre et son propre poids, et tenir le canon bien propre. La culasse doit être aussi solide que possible. Si, malgré tous ces soins, le fusil « *tape* » encore, c'est que les canons sont trop légers ou plutôt minces, et le mouvement occasionné, est plutôt une vibration qu'un choc sur l'épaule, ce qui est encore pis. On doit mettre très-peu de plomb pour éviter le recul, et on ne saurait croire combien il faut peu de plomb pour tuer du gibier. La bourre dans les cartouches doit être très-mince, et celle sur la poudre aussi. On a vu des fusils qui repoussaient toujours ; on serait tenté de dire comme ce capitaine qui prétendait que son vaisseau était un être conscient. Un des ouvriers les plus habiles de Jac Marton fit un jour un fusil à un coup pour son fils. C'était une très-jolie arme très-soignée, mais elle tapait comme une enragée : ni le changement de charge, ni le forage amendé ne purent l'en guérir ; nous l'avons maniée, et jamais nous n'avons pu découvrir la cause déterminante de sa conduite blamâble. Tout était parfait et le travail était merveilleux, où était le mystère ?

CHAPITRE IV

LE FUSIL POUR CHASSER AU BOIS.

« *Covert-Gun* », ce fusil est ainsi nommé à cause de son peu de longueur ; il est plus commode à manier dans les branches et sous bois : c'est une variété du fusil de chasse ; quant à sa longueur et le calibre de son canon, il est d'accord avec les règles ordinaires. Sa longueur est généralement de $0^m,65$; le calibre, 9 ou 10. Avec ces fusils-là, il faut tirer vite et bien. Dans les mains d'un bon tireur, ils sont excellents. Si l'on tire vite, il est juste : cela vient du peu d'espace occupé dans le canon par la charge ; vu sa largeur, chaque grain de plomb reçoit une impulsion directe, surtout avec des bonnes bourres élastiques : la colonne d'air qui se trouve en avant de la charge étant moins grande, le plomb est plus facile à déloger et sa vitesse est accélérée. — Il est néanmoins probable que l'impulsion que reçoit le plomb n'a pas le même caractère que celle imprimée dans un canon plus long ; aussi la vitesse ne se conserve-t-elle pas aussi longtemps. La rapidité d'un projectile suit des règles pleines de mystères ; vous avez des poudres qui donnent une saccade très-rapide, mais qui ne dure pas. On peut facilement les expérimenter avec des armes de guerre, en tirant à de longues portées. Le coup parti d'un fusil court a beaucoup d'analogie avec ces charges-là ; car la balle, comme le plomb plus petit, n'étant pas lancée ferme, a deux fois plus de peine à traverser l'air. Aussi le petit plomb, à cause de sa légèreté, sera-t-il encore plus exposé à être contrarié dans sa marche. Des balles un peu lourdes acquièrent de la fixité dans leur course à mesure qu'elles avancent, et elles iront plus loin que le petit plomb dont la vitesse ne peut durer.

Ainsi, une vitesse initiale supérieure peut être inférieure, à une grande distance, à une vitesse moindre mais fixe, et qui ne fait ni vibrer ni tournoyer le projectile, mais qui lui donne une impulsion directe et utile.

CHAPITRE V

FUSILS SE CHARGEANT PAR LA CULASSE.

Nous ne doutons pas que la majorité des lecteurs de ce petit livre ne connaissent la construction d'un fusil ; cependant, avant d'en parler, nous ferons cette question : Qu'est-ce qu'un fusil se chargeant par la culasse?

C'est une arme qui donne les mêmes résultats qu'un fusil se chargeant par le canon, à savoir envoyer du plomb de n'importe quelle espèce avec force et justesse, mais qui en diffère, par la manière dont on le charge et par d'autres détails qui en dérivent. — Voilà, croyons-nous, la définition la plus juste.

L'habitude fait que les hommes ne s'aperçoivent pas des imperfections les plus flagrantes, et quand un beau jour la vérité se fait jour et démontre ces imperfections, on est étonné et attristé. Voyons quel est le but d'un fusil : il se compose intrinsèquement d'un tube en métal au travers duquel on lance un projectile, grâce à la force explosive d'un gaz, et la force de ce gaz dépend en grande partie de la façon dont le projectile adhère aux parois du canon ou, en d'autres termes, de l'absence complète d'air; on supposerait donc que jamais on n'aurait eu l'idée d'introduire ledit projectile par la gueule du canon, car, ayant à le faire descendre sur la poudre par la force de votre bras, jamais vous ne pouvez prétendre arriver à éviter l'air; comment espérez-vous que la plus grande partie de la force du gaz ne va pas se perdre par les côtés de votre projectile?

C'est une question hors de doute; autant vaudrait-il essayer de tenir de l'eau dans un tamis : ce langage est un peu exagéré; cependant, si on l'avait tenu à l'inventeur du fusil, il aurait peut-être été compris; en tout cas, il est presque vrai. La vitesse de l'explosion de la poudre est bien plus considérable que la vitesse du projectile. Le plomb acquiert une part de vitesse de ce gaz qui peut être calculée à 2,500 mètres par seconde; mais cette vitesse est très-modifiée par l'*évent;* et l'expérience a prouvé qu'une balle pesant 32 livres, lancée par un canon avec 0,13 d'évent, possède une vitesse initiale de 500 mètres; si l'évent est réduit à 0,253, la vitesse tombe à 380 mètres avec la même charge de poudre; et cependant cette différence dans la quantité d'air introduite est relativement minime pour les dimensions et la forme d'une balle de 32 livres. Le résultat est immense, puisque c'est une différence de 120 *mètres par seconde!* On peut aussi écrire ce résultat sous une autre forme, et dire que lorsque l'on réduit 'espace par où entre l'air de 0,253 à 0,013, on augmente la vitesse d'une balle de 10 kilos de 120 mètres par seconde sur 380 mètres, c'est-à-dire de près *d'un cinquième!*

Arrêtons cette discussion. Il est constant que pour obtenir le plus de force possible de la poudre, il faut nécessairement que le projectile sur lequel on agit remplisse le tube du canon si juste, qu'il n'y ait pas de place du tout pour que le gaz s'échappe par les côtés. — Les bourres élastiques n'ont pas d'autres but. Minié a aussi inventé des balles coniques dans ce sens.

Originairement les fusils se chargeant par la culasse ont été inventés pour faciliter la rapidité de la charge, mais en même temps ils ont un avantage marqué sur les fusils à piston.

L'introduction de ces fusils nous vient de France, et on s'est mis à les essayer avec rage, et c'est en 1857 que dans ce pays-ci (l'Angleterre) on s'en servit généralement. Nous avions cru un jour faire une découverte importante en inventant une bourre plus large que le canon; le journal *le Field,* qui a beaucoup contribué à l'amélioration du fusil parmi nous, en a rendu compte. Mais dans notre précipitation à étudier une chose nouvelle, nous n'avons pas songé qu'il était plus facile de faire le tube plus petit que de fixer une cartouche conique et incommode. Dans l'application, nous nous trompions; dans le principe, nous avions raison. Et aujourd'hui tous les fusils sont construits ainsi : la chambre où on met la cartouche est plus large que le canon; aussi, si le reste du fusil est bien fait, ils doivent fatalement surpasser les anciens fusils de même dimension.

Que l'on nous excuse si nous nous appesantissons un peu sur le fusil, car nous croyons qu'on ne saurait trop connaître l'arme dont on se sert.

Les leviers pour ouvrir le fusil sont placés à différentes places, dessus, dessous ou sur le côté. Nous n'avons trouvé aucun avantage marqué ni dans un sens ni dans l'autre. Le chasseur choisira celui qui lui conviendra le mieux.

Ces fusils n'ont pas tous les calibres comme les anciens fusils ; ils n'ont que les calibres correspondants aux cartouches, savoir, 4, 6, 8 et ainsi de suite jusqu'à 24. En Angleterre, les calibres sont plus petits qu'en France. Le calibre 12 seul est presque identique ; c'est le premier fusil introduit ici.

On se sert de deux espèces de cartouches, sans parler d'autres genres moins répandus, à savoir, la cartouche à brochette et la cartouche à percussion centrale. Par le fait, toutes deux s'enflamment par le milieu ; la différence réside dans la mode de percussion sur la capsule. La figure A repré-

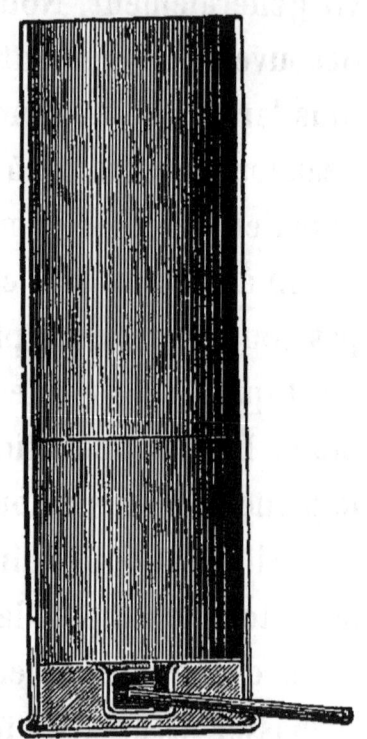

Fig A.

sente la section d'une cartouche calibre 12 à brochette. Une aiguille de cuivre est située à angle droit dans la cartouche, et sa pointe repose sur la capsule, qui se trouve sur le côté de la poudre. Il y a un trou pratiqué dans le canon pour le passage de la brochette, et ce trou est hermétiquement clos par une petite bavure faite à dessein. Quand le chien tombe, il frappe la broche, dont la pointe pénètre dans le fulminate de la capsule.

Dans la cartouche à percussion centrale, comme on peut le voir par la figure B, la capsule est insérée par derrière, et est enflammée par le choc horizontal ou oblique d'un marteau qui a été à son tour frappé par le chien.

Ces cartouches sont si connues, que cela peut paraître inutile de les décrire. Soit; mais nous dirons quelques mots de leurs mérites relatifs pour l'édification des jeunes sportsmen. A moins d'être armurier, on ne se doute pas quelle quantité de détails importants il y a dans des questions simples en apparence.

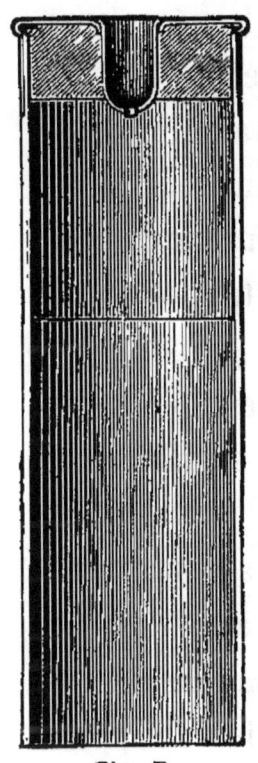

Fig. B.

La cartouche à brochette a une supériorité sur celle à percussion centrale, en ce sens qu'elle est plus simple : il n'y a pas de mécanisme délicat pour extraire la cartouche brûlée, qui s'enlève en tirant sur la broche; elle repousse moins avec une forte charge. Le fusil est, en somme, plus adapté aux chasses rustiques et sauvages. Il est vrai de dire que si cette cartouche repousse moins, il se perd aussi un peu de gaz par le trou de la brochette. Des sportsmen prétendent que c'est là une perte de force importante. Vieille discussion toujours ouverte !

Le fusil à percussion centrale est certainement un pas en avant ; mais, comme partout où le mécanisme joue un plus grand rôle, il est plus délicat dans sa construction, nous devrions dire qui était plus délicat, car on a singulièrement perfectionné son mécanisme. A l'origine, ces fusils firent fureur, et au grand détriment de notre bourse ; à cette époque-là, nous ne voulions l'adopter qu'avec une grande prudence qui se justifia amplement par les nombreux accidents qui eurent lieu à cause de sa mauvaise construction.

Les fabricants doivent faire grande attention, et un fusil qui sort des mains d'un bon armurier est rarement dangereux. Nous ne connaissons pas d'accidents occasionnés par des armes sorties de notre maison depuis cent vingt ans ; et nous ne doutons pas que bien des fabriques peuvent en dire autant. Tel qu'il est aujourd'hui, un fusil est l'arme la plus perfectionnée qui soit connue, et quand nous parlerons des Express Rifles, nous le prouverons.

Sa supériorité sur le fusil à brochette réside dans l'obturation complète qui existe derrière la cartouche : il n'y a aucun orifice ni dans la cartouche ni dans le canon. Une bonne cartouche bien faite, placée dans le disque breveté, ressemble beaucoup à la culasse d'un fusil à piston.

Dans la figure ci-dessous, le disque est en blanc, et en s'étendant en arrière du canon, il le ferme hermé-

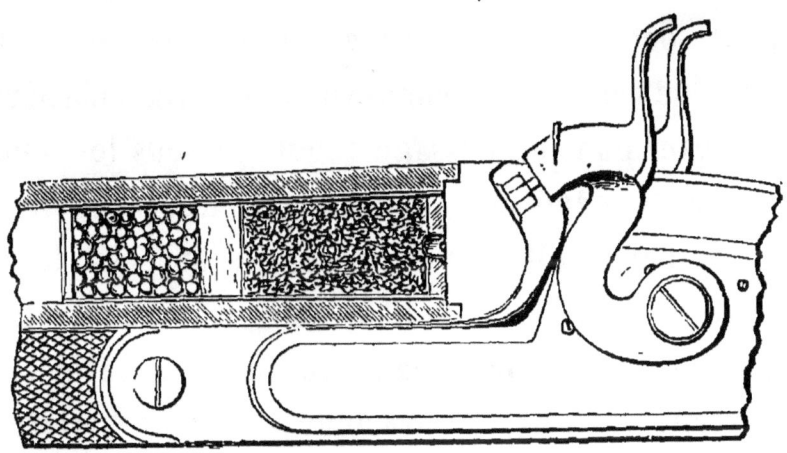

tiquement. Le canon est tracé en section. Le canon ne peut pas bouger quand on fait partir le coup. Dans les fusils à cartouches avec broches, pour charger il faut faire attention à l'entaille qui se trouve sur le canon en mettant la cartouche, ce qui souvent force le chasseur à perdre de vue sa pièce, tandis que les autres cartouches peuvent se mettre dans le fusil les yeux fermés. Le crachement est impossible (à moins que la cartouche n'éclate), et cela a son importance aussi. Il y a aussi beaucoup moins de fumée, par suite moins d'encrassement. Si la cartouche est éclatée, elle se relève beaucoup plus aisément, grâce au tire-cartouches qui fait corps avec le fusil et qui la sort d'un bon tiers hors du canon; il est alors facile de la prendre. Il est très-important que la branche du tire-cartouches pénètre jusqu'au tiers, sans quoi on a une peine infinie à la retirer. Cette partie du fusil a quelquefois besoin d'être retirée si elle ne fonctionne pas bien; le tire-cartouches que nous employons peut sortir et se remettre comme on ferme une lame de canif. Il se compose d'une tige d'acier se mouvant dans un passage tubulaire sous les canons et dans le même plan; il est muni d'une pièce en travers à l'extrémité par derrière, qui surpasse la circonférence des canons d'un tiers de chaque côté et qui ne se voit pas quand le fusil est fermé. En ouvrant le fusil, l'extracteur glisse en arrière et retire la cartouche aussi loin que lui.

Depuis quelques années, on s'est servi d'une nouvelle sorte de batteries appelées « batteries rebondissantes », ce qui veut dire que le chien, après avoir frappé la capsule, *rebondit* au cran de repos. Le fusil se trouve ainsi toujours au repos, à moins d'être armé exprès; ce système facilite l'opération du rechargement. Pour se servir du langage militaire, on diminue le nombre de mouvements ou de temps. C'est M. John Stantor, un fabricant célèbre de batteries de fusil de Wolverhampton, qui a perfectionné ces sortes de chiens.

Dans le principe, il y avait un clou qui se dévissait

à la longue et dérangeait tout; aujourd'hui il n'y a plus de clou. On ne peut faire aucune objection aux batteries rebondissantes, si ce n'est que plus vous demandez à un mécanisme d'être compliqué, plus vous avez de chances d'usure. La sûreté y gagne évidemment, puisque le fusil est toujours dans la position la moins dangereuse : en un mot, on doit se servir de ces sortes de batteries sans hésiter.

CHAPITRE VI

DU FUSIL DE CHASSE.

Après avoir décrit, comme nous venons de le faire, le fusil de chasse dans ses points importants, il ne nous reste plus qu'à donner des conseils pour l'achat de l'arme. Le chasseur doit se baser sur sa force et son adresse. Il est dangereux de prendre un fusil trop lourd pour soi; et il est cent fois préférable de tomber dans le défaut contraire, au risque de diminuer la portée.

Si le chasseur tire lentement, habitué qu'il est à viser longuement avant d'appuyer sur la détente, le canon devra avoir au moins $0^m,82$ de long.

Pour un homme tirant vite, qui jette son fusil à l'épaule et lâche le coup en même temps, un fusil moins long sera meilleur. Quant à la qualité de l'arme, un homme qui s'en sert beaucoup trouvera tout avantage à acheter la meilleure, même s'il la paye cher; ce sera encore le meilleur marché à la fin. On peut comparer un fusil à une locomotive qui, comme on sait, est faite pour durer un certain temps, temps que l'on peut calculer d'avance d'après la façon dont elle est fabriquée, c'est-à-dire qu'elle fera un certain nombre de kilomètres et pas davantage. De même, le fusil tirera un certain nombre de coups et pas plus. Quand on envisage la secousse extraordinaire qui se fait sentir dans toutes les parties du fusil que l'on décharge, et que l'on sait que cette arme est une combinaison de soixante ou soixante-dix pièces de bois et de fer, on ne s'étonne plus qu'il faille un travail sérieux et de bons matériaux pour résister à un usage fréquent.

Un fusil peut durer des années, si on ne s'en sert qu'une fois par hasard. A l'usage, les fusils jouent de partout et perdent de leur ensemble; le métal du canon perd aussi de son élasticité et de sa résistance; en un mot, le fusil s'use, et cela plus tôt ou plus tard, selon sa qualité intrinsèque. Nous avons déjà dit qu'il valait mieux prendre une crosse un peu droite, même si à la première fois on ne tombe pas bien en joue. Dans la plaine, l'avantage se fera bientôt voir, et en peu de temps on s'accoutumera à s'en servir. Ne cherchez pas les gravures et les enluminures; prenez un fusil simple, et ne vous attachez pas à la beauté.

Il est bon quelquefois d'essayer le tir d'un fusil, quoique si l'on s'adresse à de bons armuriers connus et non à de simples marchands de fusils, on puisse être très-tranquille. Mais ces essais, à l'exception du tir sur du gibier à la chasse, sont plus ou moins trompeurs, et cela par suite de l'impossibilité de mesurer les degrés de résistance comparés à la pénétration dans les objets sur lesquels on tire.

Un des essais les plus généralement pratiqués consiste à tirer sur une boîte à poudre avec un fusil de grandeur ordinaire, dans le but de mettre une bonne moyenne de charge ordinaire de chasse, plomb n° 6, à travers ladite boîte placée à 40 mètres. Quand un armurier vous dit que son fusil fait cela, demandez-lui quel *est le poids de sa boîte,* puis pesez une boîte à poudre à vous. On a même chuchoté que l'on vend la poudre dans des boîtes légères pour que ces boîtes servent de cibles. Les membres de la commission du gouvernement, quand ils éprouvent une arme, se servent d'une balle d'acier pur dont les qualités dynamiques sont connues, et *tirent toujours sur un nombre de planches en bois ne se touchant pas.*

Une épreuve très-employée aussi est celle qui consiste à viser un coussin formé de quarante feuilles de gros papier brun serrées les unes contre les autres. Le papier, mais non représenté par un nombre arbitraire de feuilles, est un excellent but pour essayer un fusil à certaines conditions et non autrement. Il y a un axiome en matière d'armes à feu, à savoir : qu'un projectile mou, tel que la balle de plomb, ne peut pas servir à donner la vitesse scientifique, si l'on tire sur un objet qu'il ne peut pas pénétrer. De là cette question naturelle : pourquoi choisir quarante feuilles de papier, notoirement impénétrables avec le forage ancien, au lieu de trente ou quelque autre nombre, qu'on aurait augmenté en ajoutant les feuilles une à une jusqu'à ce que la pénétration se soit arrêtée?

Cette étude est très-peu comprise et a été le sujet de bien des discussions; tout réside dans la balance de la force dynamique. Dans une masse impénétrable, la pénétration sera la plus forte que l'on puisse obtenir, non avec la plus grande vitesse, mais avec la plus grande vitesse permise sans écraser la balle. Si les feuilles de papier sont soutenues par derrière par une plaque tant soit peu résistante, les grains de plomb ou la balle ne pénétreront pas d'une profondeur en rapport avec leur vitesse, mais s'écraseseront et feront des trous plus grands dans les feuilles de papier qu'ils traverseront. La résistance de derrière est si vite, que le plomb n'a pas le temps de percer, et sous le choc de ce contre-temps, une grande quantité de leur force est convertie en chaleur.

Par exemple, une balle de fusil de guerre ronde, lancée avec la vitesse que l'on acquiert aujourd'hui (ainsi le *Times* citait dernièrement un fusil de chez nous, cal. 12, qui avait envoyé une balle à travers le corps d'un tigre en passant de la poitrine à la queue), en frappant une cible en fer est absolument fondue en gouttelettes de plomb. Aussi, si les quarante feuilles de papier ne se touchaient pas absolument, la pénétration serait plus forte que si elles étaient collées les unes aux autres.

Il est impossible de calculer cette différence, et il est prouvé que le même fusil qui traversera quarante feuilles de papier, le coup d'après n'en traversera que vingt ou vingt-cinq. On dit que cela vient des carambolages qui se produisent entre les grains de plomb dans le canon. L'inspection seule d'un grain prouvera le contraire, attendu qu'ils sont aplatis à la partie antérieure, et conservent leurs formes arrondies par derrière. On a aussi prouvé, et cela à la suite d'expériences très-bien faites, qu'une balle conique en plomb tirée sur de l'argile pénétrera plus profondément, à mesure que sa vitesse diminue, jusqu'à un certain point. Ainsi à 40 mètres, une balle traversera 1 pied; à 100 mètres 2 pieds, et à

200 mètres 3 pieds 1/2. Pour pénétrer dans de l'eau, il faut aussi une vitesse moindre. Tous ces résultats proviennent de la réaction de l'objet frappé. Quand la balle de notre fusil a traversé le ventre de ce tigre (8 1/2 pieds), elle n'a sans doute pas rencontré d'obstacles solides qui ont réagi ; elle a suivi sa ligne, le frottement simple étant impuissant à ralentir sa vitesse. La balle conique qui frappe l'argile à 40 mètres appelle la réaction de la terre si fort, qu'elle s'écrase en tête et s'arrête ; à 100 mètres, la réaction est moins vive : elle a plus de temps à elle, la balle est moins écrasée et pénètre plus avant. A 200 mètres, la balle n'est nullement gênée et s'enfonce encore davantage. A partir de cette distance et au delà, la force diminuerait.

On nous a mis dans la bouche des phrases que nous n'avions jamais dites ni écrites, entre autres : qu'une grande vitesse avait moins de force. Seulement nous disons que plus un projectile est lancé avec force, plus la chose qu'il frappe lui rend aussi de force. Les éclairs, qui sont le fluide le plus subtil, traversent l'espace avec tant de vitesse, qu'on en cite qui ont pénétré dans la terre à quarante pieds !

Si donc on veut se servir des fameuses quarante feuilles de papier, on aura soin de les suspendre de manière que rien ne les touche par derrière. (Nous avons montré que même une feuille de

0^m,10 de métal placée derrière diminuait sensiblement la pénétration.) Même avec ces précautions on n'aura jamais un essai sûr, et ici nous tombons dans un autre paradoxe Cela ne serait plausible que s'il y avait une chance qu'un fusil envoyât au moins quelques grains à travers les quarante feuilles, parce qu'alors la réaction des dernières feuilles serait très-faible; mais ceci était impossible avec le forage ancien. La première fois qu'on arriva à le faire, ce fut en février 1875 : notre fils aîné, à Wimbledon, en présence de l'éditeur du *Field,* traversa le coussin de papier.

Cela tenait au nouveau forage [1] qui donne un surcroit de vitesse, jusqu'alors inconnue, sans préjudice de la complète fermeture de l'arme. Aujourd'hui donc, les proportions sont bien changées, mais le principe est le même; il faudrait 60 feuilles au lieu de 40, pour se retrouver dans les mêmes conditions. Dans tout essai, il faut employer du plomb de même force dans tous les fusils.

[1] Ce *nouveau forage* est très-vieux en principe, mais il a été récemment remis en vigueur aux États-Unis, et on l'appelle *Americanchoke.* On s'en servait autrefois avec un seul canon, auquel on vissait un second canon à l'extrémité, de plus petit calibre; il réussissait, mais dans les fusils à deux coups cela n'allait pas bien. Nous avons cherché la solution du problème, et, en 1872, après beaucoup de travail et d'argent dépensé, nous avons trouvé un forage durable qui augmente considérablement la portée du fusil.

La véritable épreuve scientifique serait de placer 40 ou 60 feuilles de papier à 0^m,005 l'une de l'autre ; le fusil qui en traverserait le plus grand nombre serait le meilleur. Là, il n'y a plus de réaction à craindre.

Une autre cible d'essai très-bonne est celle qui se compose d'une feuille de fer-blanc, fichée dans un poteau à 0^m,02.

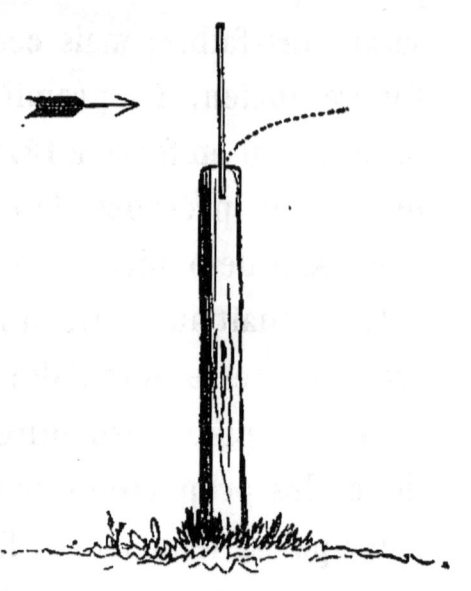

Quand on frappe sur cette feuille de métal qui est perpendiculaire, elle se plie instantanément et revient à elle-même ; c'est la rapidité de ce mouvement qu'il faut considérer, car il faut un fusil de premier ordre pour percer une feuille de fer-blanc à 40 ou 45 mètres avec du 6, surtout quand l'objet tiré cède sous le coup, comme le bras de l'homme qui reçoit une balle à la paume.

Qu'on augmente les distances, et on pourra expérimenter les fusils.

Les armuriers jugent de la vitesse assez justement avec l'oreille, en écoutant le son produit par la balle qui frappe la cible ; ils remarquent si la balle frappe d'un coup sec ou en fouettant, si les trous sont grands ou petits; plus ils sont grands, meilleur est le fusil.

Quant à nous, nous employons le moyen suivant. Nous nous plaçons aussi près que possible de la cible, sans qu'il y ait de danger (15 mètres), et ainsi placé, nous nous trouvons à 35 mètres du tireur ou plutôt de l'orifice du canon. Au coup de fusil, nous ne sommes pas satisfait si nous n'entendons pas le plomb frapper la cible en même temps, sinon avant d'entendre le coup de fusil lui-même, quoique le temps ne soit que le 19e d'une seconde, ce qui relève l'exactitude *absolue* de l'épreuve ; ce système est très-utile, peu coûteux, bien suffisant.

La vitesse du son est de 400 mètres à la seconde au minimum; la figure suivante démontrera que le plomb parcourt 40 mètres à raison de 800 mètres par seconde. Ce chiffre n'est pas celui de la vitesse initiale du petit plomb, qui perd vite sa force, mais bien la moyenne sur 40 mètres. La vitesse initiale doit être considérable. On voit sur la figure que le plomb doit parcourir 40 mètres et envoyer le son de son choc sur la cible, 15 mètres plus loin dans le même espace de temps que le son traverse 35 mètres. Ainsi, en déduisant 15 mètres de chaque distance, l'expérience prouve que le plomb a marché avec une vitesse double de celle du son, ou 40 mètres au lieu de 20.

Ceci est à remarquer, surtout pour les jeunes gens, pour leur donner une idée de la force de leur arme ; car souvent on manque de très-beaux coups par crainte et besoin de confiance. La vitesse est telle, qu'à 40 mètres le temps et l'espace ne comptent pour rien. Si l'on veut expérimenter différents fusils, on augmentera à mesure la distance.

En essayant un fusil en plaine, on fait jeter en l'air des boîtes à poudre vides de la même main. Ces objets prendront des directions diverses ; le jeune aspirant devra tirer jusqu'à ce qu'il les touche toutes deux, droite et gauche, à chaque coup. C'est une pratique qui donne beaucoup de

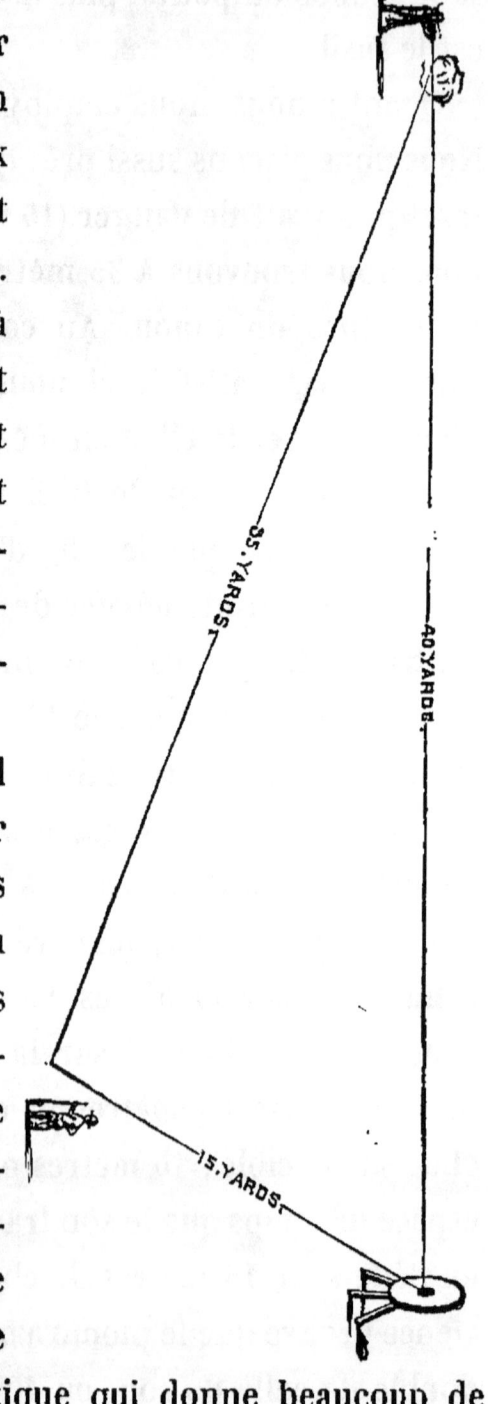

sang-froid et de précision. Au premier abord, cela semble presque impossible. Nous avons déjà dit quel pauvre tireur nous faisions tant que nous ne tirions pas avec les deux yeux ouverts; eh bien, nous avons souvent visé ainsi deux boîtes à poudre et les avons touchées toutes deux jusqu'à ce que la fatigue nous obligeât de cesser, et cela avec un homme qui les jetait à dessein dans des directions opposées. C'est une épreuve excellente pour le fusil, pour la balance, l'équilibre, et aussi pour voir s'il ne roule pas dans la main.

Tirer simplement sur une cible avec un fusil ne démontre rien de ce qu'il faut à une arme de chasse, dont les vraies qualités sont d'être vite en joue et de toucher un objet mobile. Notez que nous conseillons de tirer sur deux objets distants et non un seul, ce qui est beaucoup plus facile; faites-le, et vous verrez combien à la chasse vous vous sentirez maître de la situation.

Nous ne parlerons pas ici du prix des fusils; seulement ne croyez pas que si on achète à un bon faiseur on paye seulement le nom : on en a vraiment pour son argent, et le prix des matières premières est tel, que le bénéfice est moins grand qu'autrefois. Souvent les fusils les plus chers sont ceux sur lesquels on gagne le moins : les fusils de premier ordre sont pour ainsi dire comme les tableaux d'un peintre : on n'en fait pas autant que l'on veut. Dès le moment qu'on veut augmenter la fabrication, on perd de la qualité ; pendant quelques années, on gagne un peu, mais la déesse Némésis est à vos talons. Votre réputation s'en va avec une vitesse très-grande. — Dix hommes ayant en main les mêmes matériaux feront dix fusils différents sous tous les rapports : qualité, style, montage, procédés et puissance de tir.

On lit dans un journal américain :

« Il n'y a pas d'économie à acheter un fusil bon marché, parce qu'il s'usera vite.. On doit toujours acheter un fusil aussi cher que l'on peut le payer... Un fusil n'est pas un instrument ; c'est l'œuvre d'un artiste. »

CHAPITRE VII

FUSILS EXPRESS, *EXPRESS RIFLES*.

Nous n'avons nullement la prétention d'établir ici à fond la question scientifique des lois qui guident celui qui envoie une balle : les manuels de tous genres donneront aux lecteurs tous les renseignements qu'ils désireront. C'est une lecture aride ; et même nous, qui sommes né là dedans et par suite fort habitué aux termes techniques, nous nous trouvons embarrassé, tellement certains passages sont obscurs. Nous allons traiter la question purement et simplement, en nous mettant au point de vue du sportsman.

Tout l'art du tir se résume dans un axiome qui est celui-ci : *Une balle d'un poids quelconque tombera de l'orifice d'un canon ou de toute autre arme à feu placée horizontalement à son plan, dans le même espace de temps que mettra une balle envoyée par cette même arme, sans élévation de la gueule du canon, à rencontrer le même plan ou niveau.* Ceci peut paraître bizarre à première vue, et il semble absurde de dire qu'une balle de fusil peut être envoyée à plusieurs mètres, sans élever le fusil, dans le même espace de temps qu'il faut à cette même balle pour toucher à terre de la hauteur de l'épaule d'un homme; cependant c'est un fait, et tout l'art du fabricant d'armes consiste à utiliser de son mieux cet espace de temps pour reculer le but en blanc. Chaque seconde qu'il emprunte en plus pour augmenter la portée est payée par une perte quelconque; car, comme nous l'avons dit, en matière d'armes il faut se contenter d'une moyenne. Dans les fusils à balle pour la chasse, les lois de la nature ne sont pas moins absolues; mais pratiquement et pour les portées qu'on demande, elles sont tempérées et même annulées par les ressources de l'art.

Nous pensons que le lecteur comprend que le

« *but en blanc* » est le point extrême où un fusil enverra une balle en droite ligne ; cependant les autorités ne sont pas d'accord sur cette question si simple.

Scientifiquement et selon la règle adoptée dans l'artillerie anglaise, but en blanc signifie le point où une balle lancée sans *hausse*, c'est-à-dire l'axe du canon parfaitement horizontal, effleurera le plan horizontal de la terre. Le temps que mettra la balle à parcourir cet espace sera, nous l'avons dit, semblable à celui que la même balle mettrait à tomber de l'orifice du canon à terre.

Les artilleurs du continent ne définissent pas le but en blanc de la même façon ; selon eux, ce serait le point extrême atteint par une balle avant qu'elle passe la ligne de mire. Cette définition paraît meilleure mais elle suscite une grave objection, à savoir qu'elle ne compte pas la courbe considérable dans le passage du projectile, comme on voit au point C de la seconde figure. Tâchons d'éclaircir ce point. Il y a très-peu de fabricants de « fusils express », et aussitôt qu'une arme peut annoncer que son but en blanc est à 150 ou 200 mètres, on l'appelle « express ». Ceci est un tort. En fait, le but en blanc scientifique, — la seconde intersection de la ligne de mire, — peut être ainsi appelé. Mais la vérité est dissimulée ; car à une plus petite distance, la balle passera par-dessus le dos d'un animal, et plus loin frappera la terre devant lui ou lui passera sous le ventre.

Le véritable but en blanc est la portée extrême atteinte sans courbe sensible avec la plus faible trajectoire possible, si l'on veut; de manière que jusqu'à cette portée, le sportsman n'a pas besoin de calculer la distance et peut, tant qu'il ne l'atteint pas, tirer comme d'habitude. Nous croyons pouvoir affirmer que la balle des fusils express parcourt 175 mètres, sans se déranger de plus de $0^m,025$ dans son trajet!

Pour bien saisir la chose, nous supposerons le tir toujours horizontal. — Placez un pain à cacheter sur un mur à 2 mètres du sol, et tirez dessus en mettant votre canon à 2 mètres du sol, également sans vous servir de hausse; la plus grande distance obtenue avant que la balle atteigne le pain à cacheter sera le but en blanc : la vitesse du projectile dans sa course a été si grande, que les lois de la pesanteur n'ont pas eu le temps d'agir. Nous considérons cette dernière définition comme la meilleure; c'est plus facile à comprendre et plus instructif. — Il est beaucoup plus difficile de définir le point d'affleurement avec la ligne de tir; cet angle aigu est peu visible, et on voit mieux sous une cible perpendiculaire. Augmenter la portée pour parcourir une plus grande distance pendant le même temps, c'est reculer le but en blanc.

La première figure représente le but en blancs cientifique de l'artillerie anglaise; la seconde, la définition étrangère, et la troisième, le but en blanc du sportsman ou la définition du sens commun voulant dire, aller droit au but, comme on dit d'une personne qui dans sa conversation va de but en blanc quand elle n'emploie pas de circonlocutions. La ligne pointillée A représente la ligne de mire ; la ligne noire est la trajectoire du projectile, et D est la portée du but en blanc.

Dans la seconde figure, B est le premier point d'intersection, là où la balle coupe pour la première fois la ligne de mire, et D, le second point d'intersection qui est appelé, à tort selon nous, le but en blanc, comme D de la première figure. La troisième figure montre la ligne de mire, et la trajectoire s'accordant parfaitement pour le dessin, elles ne sont pas mathématiquement tangentes, mais

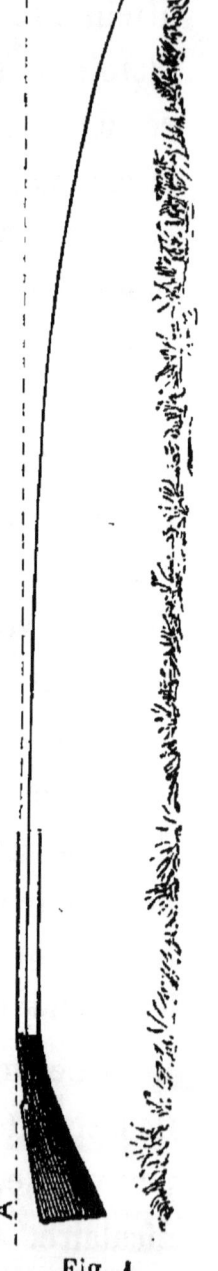

Fig. 1.

si près de l'être, qu'elles peuvent être considérées comme telles, puisqu'à 200 mètres il n'y a pas de courbe sensible.

Tout dépend de la vitesse que l'on peut imprimer à la balle. Jusqu'à tout dernièrement le but en blanc était à 20 ou 25 mètres, plutôt même 20 mètres; quand il était à 25 mètres, il est probable que l'on négligeait de calculer l'épaisseur du canon, qui en pratique est une *hausse*.— Aujourd'hui, on a reculé la portée du but en blanc à 200 mètres! Comment cela? Nous allons le raconter.

Nous n'avons jamais été très-grand amateur de tir à la cible; mais dans notre jeunesse nous l'avons pratiqué tant soit peu, et somme resté un

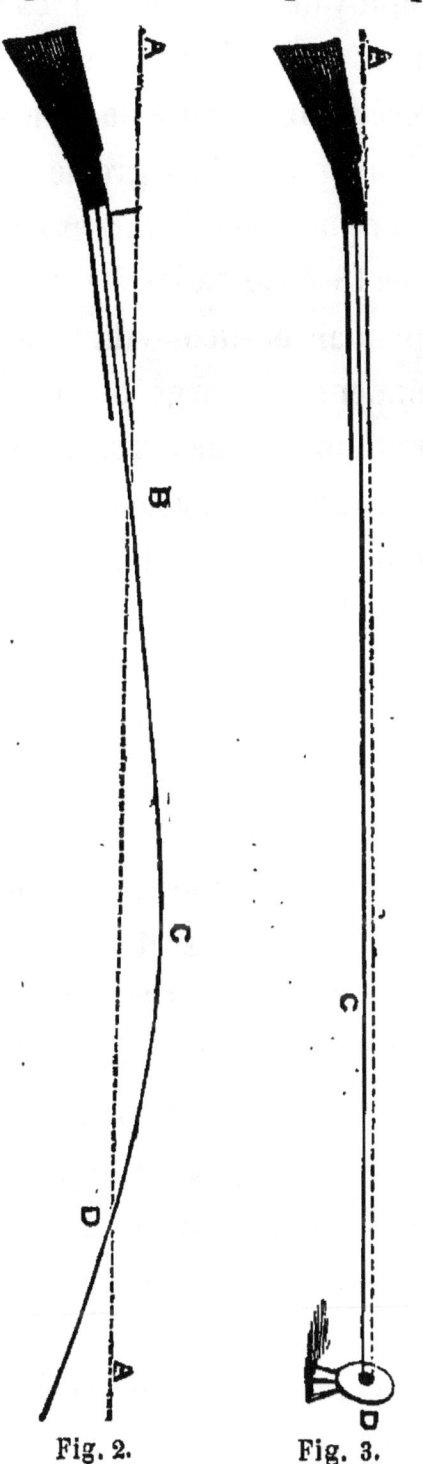

Fig. 2. Fig. 3.

fusil ordinaire. On n'employait alors que la balle sphérique, et naturellement on divergeait beaucoup d'opinion pour savoir quel était le nombre de rayures du fusil et la rapidité de leur spirale, le degré de torsion des rayures dans la longueur du fusil. Les calibres ordinaires étaient de 18 à 20 balles à la livre. La charge de poudre dépendait beaucoup du temps ; 5 grammes de poudre étaient la charge ordinaire. La balle allait si lentement, que même à une portée ordinaire, 100 mètres par exemple, la gravitation et l'influence de l'air jouaient un grand rôle. La balle montait ou descendait si facilement qu'on voyait des culasses qui se remontaient avec une vis que l'on tournait au moyen d'une clef de montre ; et avant de commencer à tirer, il fallait *régler son tir* par plusieurs coups, même si l'arme avait été ajustée le jour avant. On se sert encore des mêmes moyens pour tirer à de longues portées ; mais alors c'était pour atteindre à 100 mètres. La plus petite variation atmosphérique dérangeait tout. La trajectoire était élevée, et la balle était si lente, qu'on pouvait la voir passer. Ceci n'avait lieu que si on se plaçait derrière, en droite ligne, et plutôt le matin ou le soir, quand les rayons du soleil sont presque horizontaux. La hauteur de la trajectoire variait beaucoup, et atteignait jusqu'à $0^m,50$ Un écrivain très-compétent dit qu'à 100 mètres il n'a jamais pu la réduire de moins de 0^m,28 et l'arme était fabriquée par le premier armurier d'alors; tout ceci se passait il y a à peine vingt-quatre ans. Aussi cet écrivain prétend avec raison que ces fusils ne sont absolument d'aucun usage possible à la chasse. Les fusils à balle pour la chasse avaient alors les mêmes défauts que les armes pour la cible, avec cette aggravation qu'il était impossible de régler la hausse, et qu'à moins de tirer de très-près, il faillait calculer la distance où se trouvait l'animal, ce qui était fort incommode.

La vitesse, avons-nous dit, était très-minime. Si, pour l'augmenter, on employait plus de force, la balle était « *stripped* », c'est-à-dire qu'elle ne suivait plus les rayures du canon, dont les bords enlevaient du plomb et diminuaient la balle, qui se trouvait lancée sans avoir de mouvement de rotation sur son axe, comme si elle était sortie d'un canon à âme lisse.

Pour éviter cet inconvénient, on avait imaginé des chiffons graissés dont on entourait la balle; c'était créer un mal pour en éviter un autre. Où était donc l'erreur? D'abord les rayures étaient trop profondes. On s'étonne vraiment aujourd'hui, en pensant que des hommes qui savaient qu'on peut faire tourner un toton pendant une minute, avec le pouce et l'index, ou qui avaient certainement, étant gamins, fait tourner des toupies, se soient figurés qu'il fallait, pour qu'une balle tourne pendant une seconde ou deux, creuser des rayures profondes dans le canon ! C'était vouloir écraser une mouche avec une roue de voiture. Ceci nous amène à la seconde amélioration. Tout le monde sait qu'un fusil rayé envoie une balle mieux qu'un fusil lisse, parce que les rayures font pivoter la balle sur son axe horizontal. Cette rotation compense l'inégalité du plomb, et le frottement constant soutient la balle de chaque côté, de façon à la soustraire à l'action de l'air, absolument comme l'air soutient la toupie qui tourne ; quand la rotation cesse, la toupie chancelle et tombe. C'est ce qui arrive à l'extrémité du parcours de la balle.

Alors, pour augmenter la vitesse, on fit des rayures moins profondes et les spirales diminuées dans une grande proportion ; au lieu d'un tour par mètre, on en fit un par 3 mètres. Ceci fit merveille pour des petites portées, et on pouvait tuer un tigre facilement. Nous-même, nous avons été jusqu'à diminuer les rayures, à n'en faire qu'une pour 2 mèt. 60, et encore ces rayures étaient-elles très-légères. Avec ce système nous avons atteint avec un cal. 12 et des balles sphériques un but en blanc de 90 à 100 mètres, quelquefois de 130 mètres, et avec un seul fusil 150 mètres. Ce fusil nous a valu la seule médaille d'or qu'on a donnée à Moscou en 1872 ; il appartient aujourd'hui à un Américain. Nous citons ce fait comme preuve qu'à cette époque-là le but en blanc de 150 mètres était considéré comme le plus loin connu. Nous étions arrivé à cette portée exceptionnelle, non pas par hasard, mais à l'aide d'un certain procédé. Avec un calibre 10, on arrive à 130 mètres facilement. Nous avons obtenu 150 mètres de but en blanc en diminuant la profondeur des rayures et en allongeant la spirale, tout en augmentant la charge de poudre jusqu'à la limite du possible; nous avons supprimé le chiffon graissé, qui n'est que gênant. Malgré tout cela, nous n'avons pu atteindre 200 mètres, à cause de la résistance de l'air qui augmente plus que la force imprimée par la poudre.

Nous arrivons à l'introduction des balles coniques, un des pas les plus simples et cependant les plus importants; ce sont de ces découvertes qui, comme la vapeur, nous paraissent aujourd'hui fort simples. On est aussi étonné de voir qu'on s'est servi si longtemps de balles rondes, que nous l'étions de voir les rayures profondes des canons anciens.

Nous avons dit l'*introduction* et non l'*invention* de balles coniques, car l'usage date de plus de mille ans. Il est prouvé que les anciens fondeurs, particulièrement à la bataille de Marathon, se servaient de projectiles en plomb taillés à peu près comme nos balles coniques. Ils différaient en ce sens que les μολίβδιδε étaient un peu écrasés, ressemblant aux petits galets qu'on rencontre au bord de la mer.

Il y a environ vingt-cinq ans, une grande nouvelle se répandit dans le monde : Un officier français, M. Minié, venait, disait-on, d'inventer un fusil qui envoyait des balles coniques à 1,500 mètres avec précision. Presque tous les armuriers trouvèrent la chose ridicule et s'en moquèrent; quant à nous, désireux de savoir la vérité, nous nous sommes aussitôt mis en possession de deux de ces fusils, et nous avons parfaitement reconnu que leur mérite n'était nullement exagéré. C'était le commencement du mouvement qui dure encore, à moins que nous n'accordions la priorité au fusil américain Kentucky. Le grand changement opéré dans le fusil Minié était l'enflure de la balle en travers au moyen de la pression exercée sur elle par derrière au moyen d'un creux pratiqué à sa base; ce système évitait la perte de gaz entre le canon et la balle. On plaçait un « culot » en fer dans le creux de la balle, qui, quand on tirait, s'enfonçait dans la balle, et même la traversait et laissait les bords de la balle dans la culasse. Bientôt on mit de côté le culot et on rétrécit les canons petit à petit, jusqu'à ce que l'on soit arrivé où nous en sommes aujourd'hui, c'est-à-dire à 0,009 m., ce qui, d'après le vieux système de désigner le calibre par le nombre de balles à la livre, correspond à peu près au calibre 50. Avec tout ceci on obtient une plus grande portée ; aussi aujourd'hui fait-on des « *Match* » à 1,200 mètres. Mais ce n'est pas avec ces fusils à longue portée que les sportsmen ont affaire ; c'est plutôt avec le chef-d'œuvre par excellence des fusils à balle : l'*express*. Il ne faut pas confondre les fusils à longue portée avec les fusils express ; ils forment deux branches très-distinctes et ne sont pas la même fabrication.

Nous avons déjà dit que l'augmentation de poudre n'augmentait pas la vitesse proportionnellement. La résistance de l'air est aussi accrue ; comment alors peut-on arriver à un but en blanc de 200 mètres ? Voici comment. D'abord, on augmente la charge de poudre de près de huit fois son poids. Naturellement et sous les lois qui retardent la marche de la balle, ceci a pour effet de reculer le but en blanc huit fois plus loin. Partant du vieux but, 25 mètres, nous arrivons à 200. Et nous maintenons cette distance en rétrécissant le calibre hors de toute proportion avec la charge, ou inversement, en augmentant la charge plus que le calibre ne le comporte ; en diminuant la profondeur et le nombre des rayures ; en employant des balles coniques qui, par leur forme et leur longueur, maintiennent leur vitesse plus longtemps, et enfin en diminuant le poids de cette balle de façon à l'alléger sans lui retirer de longueur, ce qui s'obtient en la creusant à sa partie la plus forte : il n'y a pas de doute que ce creux ne l'aide dans sa rotation de même qu'un cerceau qui n'a pas de centre tourne si facilement.

Ainsi, alléger la balle sans la raccourcir, augmenter la charge de poudre que l'on fait allumer dans une chambre relativement très-petite, ce qui lui donne encore plus de force : voilà tout le secret de ces résultats étonnants. La balle, très-étroite, rencontre moins de résistance dans l'atmosphère qu'une balle sphérique; de plus, sa longueur lui donne de l'*avant,* comme on dit en terme de marine, et si sa vitesse initiale est moins grande, sa vitesse moyenne est plus considérable.

Maintenant, cette balle étroite et légère blessera-t-elle mortellement un gros animal? Ces projectiles sont si terribles dans leurs effets, qu'ils sont interdits dans une guerre loyale. En frappant, elles éclatent souvent, même dans l'intérieur de l'animal, qu'elles mettent en pièces comme un obus; d'autres fois, elles traversent le corps en coupant tout sur leur passage et ressortent de l'autre côté en faisant des trous de 0,15 de large : en tout cas l'animal est tué sur le coup. Si la balle n'était pas creuse, ces effets redoutables n'auraient pas lieu, et il ne se produirait qu'une profonde pénétration. Quelquefois cette dernière est préférable, comme dans la chasse à l'éléphant ou au rhinocéros.

La figure représente : 1° une balle avant d'être tirée, et les pointillés montrent la partie tubulaire ; le n° 2, la même balle vue par derrière, grandeur naturelle, après avoir été tirée dans un tas de sable, et le n° 3, la configuration et la dimension de l'orifice fait sur

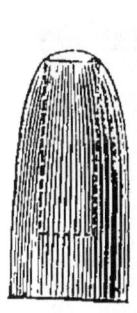 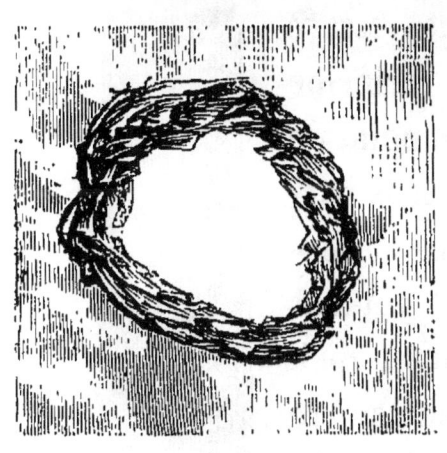 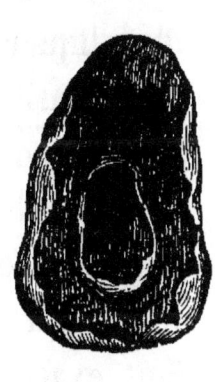

N° 1.   N° 3.   N° 2.

une plaque de fer de 0^m,003 d'épaisseur par une de ces balles à 100 mètres. Le trou est aussi près que possible, semblable à celui que ferait une balle sphérique de 12 à la livre, qui pèse 20 grammes, tandis que la balle de l'espress ne pèse que 9 grammes !

Le lecteur se fera peut-être une idée plus claire de la charge extraordinaire de poudre dont on se sert avec ces fusils, vu l'exiguïté du calibre, en voyant dans la figure suivante le dessin de deux de ces cartouches chargées.

L'une est appelée « bottle-nosed » ; l'autre est la

cartouche cylindrique ordinaire. La balle est placée à la partie supérieure; derrière il y a une bourre glissante, et le reste est rempli de poudre n° 6 en dehors de toute proportion avec le poids du projectile.

Nous avons essayé d'expliquer le principe de ces fusils au point de vue du sport, sans parler des détails mécaniques. Nous voulons seulement ajouter qu'il faut exactement suivre les instructions qu'on vous donne en vendant le fusil; ce fusil est la meilleure arme inventée jusqu'à ce jour, mais cela repose sur des circonstances et des conditions précises et exactes, et il est absolument nécessaire de les remplir toutes de point en point pour obtenir le résultat désiré.

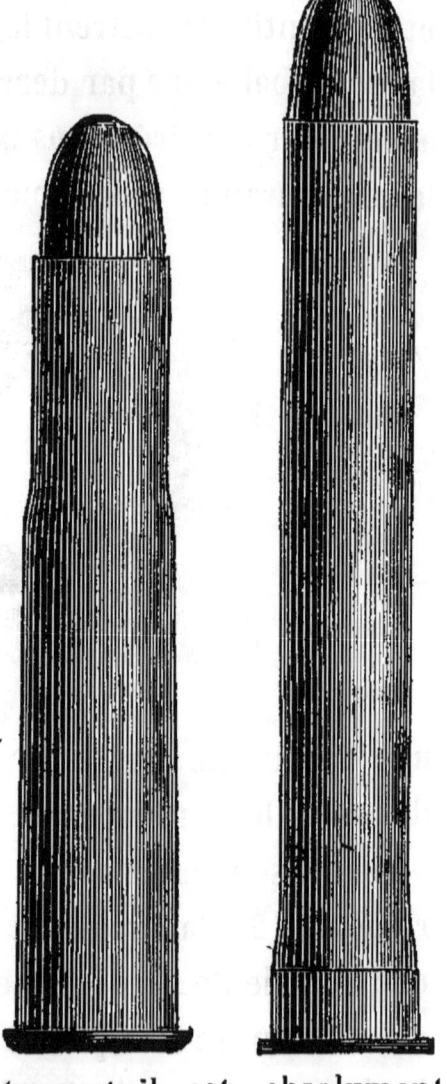

Nous avons vu un monsieur rapporter son fusil à l'armurier, en prétendant que ce n'était pas un express; notre étonnement fut bientôt dissipé quand il nous avoua qu'il avait remplacé la balle creuse par une balle pleine, et la grosse poudre n° 6 par de la poudre fine!

CHAPITRE VIII

DES MUNITIONS.

Nous avions fait un travail fort long sur l'historique de la poudre, avec ses éléments chimiques, ainsi que la description des nouveaux produits détonants; mais nous ne trouvons pas que ce livre destiné aux sportsmen en comporte le récit. Cependant nous nous permettrons d'attirer l'attention sur l'importance de la poudre à canon dans la civilisation, où elle a joué un rôle bien plus considérable qu'on ne l'aurait cru d'abord, et sur l'intérêt qu'on porte aujourd'hui à ces rivaux comme produits détonants. — La poudre a été en jeu dans tous les changements qui se sont opérés dans l'art des armes; l'invention des fusils se chargeant par la culasse lui a fait du tort. — Il est étonnant aujourd'hui de rencontrer encore des sportsmen qui ne savent pas qu'ils ne doivent pas se servir de la même poudre dans les fusils modernes qu'autrefois. — Diminuer la pression sur les parois internes du fusil, et augmenter la vitesse du projectile, est le problème à résoudre. Ceci a été obtenu dans les petites armes, comme dans les grandes, jusqu'à ce qu'on soit arrivé à des poudres dont le grain avait 0^m,058 de diamètre avec une charge de 150 livres et un projectile de 400 kilos, le tout avec une vitesse de 500 mètres à la seconde donnée à ce bloc de fer ! Voilà le plus beau résultat connu à ce jour ; il a été obtenu au mois de mars 1875, avec un canon de 38,000 kilos.

La poudre se compose de salpêtre, de charbon de bois et de soufre dans la proportion de 100 livres. Ainsi réparti 77 $\frac{1}{2}$ livres de salpêtre, 10 $\frac{1}{2}$ de soufre et 16 livres de charbon de bois, ce qui fait 104. On admet 4 livres de perte dans la fabrication. Voilà la moyenne de sa composition. On connaissait le pouvoir détonant de la poudre avant de l'employer dans les armes à feu ; et il est certain que les Chinois s'en servaient dans leurs feux d'artifice, deux mille ans avant l'ère chrétienne. La poudre de chasse est fabriquée avec beaucoup plus de soin que la poudre qui sert à d'autres usages. Le charbon de bois est pris dans des morceaux bien lavés et choisis ; l'aune et le cornouiller, ainsi que le saule blanc de Hollande, sont les bois préférés.

Nous ne donnerons pas plus de détails chimiques.

La combustion de la poudre a pour effet de convertir subitement un volume solide de petite dimension en un gaz élastique beaucoup plus considérable. Le salpêtre remplace l'oxygène, ce qui lui permet de brûler sans la présence de l'atmosphère. Le soufre, brûlant à une très-faible température, augmente la combustion, et le charbon de bois fournit l'acide carbonique et l'oxyde de carbone, qui forme la plus grande proportion du gaz dégagé. Au moment où l'on tire, le gaz est estimé avoir 2,400 fois le volume de la poudre. Cependant on est loin d'être d'accord sur ce point. — On a calculé le volume de ce gaz une fois refroidi à la température ambiante, et on a trouvé qu'il était 240 fois celui de la poudre. Supposons que cette pression de 240 atmosphères soit seulement quadruplée par la chaleur de l'explosion, et nous avons en chiffres ronds 1,000 élasticités; en prenant la pression atmosphérique comme 2 kilos, sur 0,01 c. carré, nous arrivons à 2 + 1,000 sur un centimètre carré au moment où l'on tire, c'est-à-dire 2,000 kilos. On a même prétendu que ces chiffres étaient beaucoup trop bas, et nous croyons que le dernier calcul officiel donne 24,000 kilos. Nous serions porté à croire que ce chiffre est exagéré. Cette pression immense est probablement encore plus grande quand toute chance de perte de gaz est supprimée, comme nous allons l'expliquer. Deux grammes de poudre (28 grains) peuvent briser un bloc de fer qui résiste à une force de

200,000 kilos ; il est évident que dans ce cas le gaz ne pouvait pas s'échapper à moins de fendre le morceau de fer. La poudre de chasse faite par les manufacturiers est généralement si bonne, que dans les fusils à piston il suffit de noter qu'il ne faut pas se servir de poudre trop fine qui s'écrase en pâte en chargeant, ni trop grosse, de peur qu'elle ne soit trop longue à s'enflammer et ne coule pas facilement dans la cheminée. Les fusils se chargeant par la culasse exigent une poudre plus grosse. La poudre anglaise est connue du monde entier. Voici quelques moyens d'essayer sa poudre :

Mettez sur deux feuilles de papier blanc placées à côté l'une de l'autre la charge ordinaire d'un fusil. Allumez-en une avec un fil de fer rouge ; si la poudre est bonne, la flamme montera et fera un bruit sec, la fumée formera des ronds blancs ; il ne restera aucune tache blanche, ni trou brûlé dans le papier, et l'autre petit tas ne sera atteint par aucune éclaboussure.

Si la poudre ne brûle pas instantanément et avec un son clair, et que les autres phénomènes ne se produisent pas, elle est de mauvaise qualité. Une épreuve simple et facile consiste à jeter une pincée de poudre dans le feu, à l'endroit où il brûle le mieux. Si la poudre est bonne, elle détonera de suite et avec saccade, et non d'une manière lente et décousue. Dans les temps humides, la poudre brillante est meilleure ; dans les temps ordinaires, la couleur terne est préférable. Elle peut posséder de la force et être sale, et *vice versa*. Des deux maux le manque de pureté est le pire. On peut remédier au manque de force en augmentant la charge, mais rien ne peut corriger les inconvénients de cheminées encrassées, de canons sales, sans parler du recul désagréable. Certaines poudres composées d'éléments excellents ont ces défauts, par suite d'une trop grande pression atmosphérique qu'on leur a fait supporter pendant la fabrication. Sans vouloir en rien mépriser les manufacturiers de poudre, nous devons dire que celle qui sort des usines de MM. Curtis et Harvey est la meilleure pour nos fusils modernes. Leur n° 6 est admirable.

Quand la poudre est humide, il est bon de la sécher en l'étendant sur une assiette ordinaire chauffée et en la remuant avec soin.

Le coton-poudre n'est pas employé dans ce pays-ci généralement. On dit qu'en Amérique et en Autriche l'artillerie s'en est bien trouvée ; mais les essais faits ici n'ont pas conclu à des résultats satisfaisants. Néanmoins on fait sans cesse des efforts pour faire admettre ce produit et d'autres similaires, sans beaucoup de succès, il faut l'avouer, quoique la poudre soit positivement un véhicule grossier et peu scientifique pour amener le résultat cherché, à savoir un gros volume de gaz développé instantanément, non trop rapidement. Aujourd'hui que tous les chimistes s'en occupent, on peut espérer un résultat. D'un autre côté, la poudre a l'immense qualité de pouvoir être contrôlée dans ses effets : on peut l'adapter au poids du projectile ; l'effet de la poudre-coton peut être comparée à une saccade ; celui de la poudre ordinaire, à une poussée avec le bras. Le canon d'un fusil peut éclater sous un agent possédant très-peu de force de propulsion, et comme c'est cette force que nous désirons dans les armes à feu, toute autre est inutile.

Étant l'importateur dans ce pays-ci d'un produit détonant et explosible, « la poudre de Schultze », inventée par le colonel Schultze de l'artillerie prussienne, chimiste distingué, nous désirons en dire quelques mots.

Nous respectons trop la vieille poudre et connaissons trop bien sa puissance et ses effets pour donner la préférence à aucun de ses nouveaux rivaux, sans examen préalable. Nous vivons dans un siècle de progrès, et il est probable que nous verrons encore bien des changements. En admettant que les jours de la poudre noire soient comptés, les fabricants ne sont pas si maladroits que de rester en arrière et de ne pas aussi facilement créer les nouveaux produits. Nous n'avons aucun intérêt à recommander la poudre de Schultze, si ce n'est le désir de fournir à nos clients l'engin le plus propice à leur but. Il faudrait qu'un armurier fût absolument idiot pour vanter un produit explosible qui nuirait à ses armes.

La différence spécifique qui existe entre la poudre à fusil et le coton-poudre (les deux extrêmes comme mélange au point de vue mécanique et chimique) réside dans ce fait, que dans la première vous pouvez mesurer sa force par son poids à un grain près, tandis que vous ne connaissez jamais exactement le pouvoir de l'autre. Il y a aussi une grande différence dans la manière de s'enflammer. Si on embrase la poudre avec une étincelle, on aura le même résultat que si on employait un fer rouge. Pour mettre le feu au coton-poudre dans toutes ses formes, il faut se servir d'une capsule, en parlant d'armes à feu; même dans ce cas la force du fulminate aura son importance et aussi le ressort du chien. Donnez les mêmes cartouches chargées avec du coton-poudre à deux messieurs, l'un des deux vous en dira du bien, l'autre du mal, et cela viendra probablement de la différence des fusils.

Nous ne croyons pas au coton-poudre pur et simple pour les armes à feu, et nous avons des craintes sérieuses sur la sûreté qu'elle donne dans la fabrication. On est en train de lui faire subir des modifications importantes; le temps seul nous dira ce qu'elles valent.

La poudre de Schultze occupe une place intermédiaire entre la poudre et ses éléments chimiques pris isolément. Pratiquement, le colonel prétend que ce n'est ni plus ni moins que de la poudre ordinaire, moins le soufre, qu'il regarde comme inutile, et il la donne comme un mélange partie physique, partie chimique. Il coupe le bois le meilleur pour la poudre en grains, en retire l'albumine avec des acides, fait disparaître ces acides et sature ces grains avec une solution de salpêtre dont il dose la quantité, et prétend que tandis que dans le coton-poudre la dose de salpêtre n'est jamais parfaitement connue, lui peut la savoir exactement, puisqu'il l'emploie en substance et non sous la forme acide. A l'apparence, cette poudre ressemble à de la sciure de bois. La question est bien posée aujourd'hui : l'ancienne poudre garde la supériorité à cause de sa régularité; la nouvelle aspirante fait moins de fumée. Quant au recul, la poudre Schultze est variable, mais en général repousse peu. La poudre ordinaire absorbe moins l'humidité que la poudre sciure de bois et beaucoup moins que le coton-poudre. D'un autre côté, le colonel soutient que sa poudre s'améliore en magasin, et que l'humidité qu'elle absorbe lui retire très-peu de pouvoir. Un juge impartial déclarera certainement que la poudre a l'avantage de contenir des éléments connus que l'on peut doser à sa guise, tandis que les autres possèdent des éléments dont la puissance varie selon le mode de traitement qu'ils ont subi; le même juge prononcera en faveur de la poudre Schultze, comparée à d'autres produits détonants, parce qu'elle est facile à charger dans les cartouches; la moitié du poids de la poudre ordinaire suffit. Étant plus légère relativement à son volume, cette moitié de poids une fois bourrée remplit exactement le même espace que la poudre dans une cartouche, ce qui est un grand avantage. La poudre Schultze excelle encore en ce sens qu'elle est sans danger dans sa fabrication, son transport, sa garde, et qu'elle partage avec la poudre ordinaire cette qualité immense de ne pas s'enflammer d'elle-même.

Le plomb doit être propre, clair et de forme sphérique; plus sa densité spécifique est grande, meilleur il est. On entend souvent des chasseurs vanter le plomb dur; c'est une erreur. Le plomb le plus dur ne vaut pas le plomb lourd, et le plomb mou est plus lourd que le plomb dur : c'est un avantage pour du petit plomb que de s'aplatir en touchant le gibier. En s'aplatissant un peu sur l'oiseau ou le lièvre, par exemple, le plomb augmente la surface qu'il frappe ; de plus, il entraine avec lui de la plume ou du poil et élargit le trou qu'il a fait. Il existe un axiome qui dit que c'est la largeur de la blessure qui est la mesure du pouvoir destructif de la vie de l'animal ; par suite, plus l'ouverture est grande, plus l'animal mourra instantanément, tandis que du plomb trop dur fera une petite ouverture profonde et même traversera la bête de part en part. Cette blessure profonde sera fatale aussi, mais peut-être pas aussi immédiatement, à moins que le plomb n'ait touché le cœur ou quelque autre partie vitale. Nous trouvons à l'appui de notre théorie l'attestation de feu M. le capitaine Forsyth, qui a écrit sur la balle sphérique (il n'avait pas essayé le fusil express, qu'il n'avait probablement jamais vu), et il est tout à fait d'accord avec nous pour donner la supériorité au plomb mou. Quoiqu'il ait parlé de balles au lieu de plomb, le principe est le même. La pénétration du plomb mou s'exerce sur une plus grande surface, et le choc occasionné est plus mortel, parce qu'il est plus général. Aussi, il nous semble qu'on ne gagne rien à rendre le plomb plus dur, tandis que l'on peut abimer ses canons de fusil. Le plomb mou tiré sur des cartons ne pénètre peut-être pas aussi avant que du plomb durci, mais il fait des trous plus larges, ce qui prouve en faveur de l'argument qui consiste à le recommander pour le gibier ; car dans ce cas, on n'a pas à lutter contre une force de résistance aussi forte que celle d'une cible.

Le plomb contient une légère quantité d'arsenic, un peu moins de 1 p. cent, ce qui lui donne la propriété de granulation sphérique; l'usage n'en est pas général. Ce n'est pas de notre compétence de parler des alliages employés pour rendre le plomb plus dur; mais il est bon de noter que le poids spécifique du plomb est de 11,4; de l'antimoine, 6,7; du bismuth, 9,8. Si on emploie ces métaux, on diminue donc la densité du plomb. Nous ne savons pas si on les emploie, mais on nous l'a dit. Pour rendre le plomb plus dur, il faudrait employer 1/12 de mercure, ce qui serait très-dispendieux. La dimension de plomb la plus employée est le n° 6; nous dirons plus loin, dans la *manière de charger,* dans quelle proportion on doit s'en servir; ce que nous pouvons dire ici, c'est que le petit plomb exige plus de poudre, et que plus le plomb est petit, moins la charge pèse, tandis qu'avec du plus gros plomb la charge doit être plus lourde [1].

---

[1] Autrefois on ne se servait que de plomb n° 2 ou 3, d'où le vieil adage français : « Chiche de poudre et large de plomb. » Les Espagnols disaient : « Peu de poudre, mais du plomb jusqu'à la gueule. » Aujourd'hui tout parle dans le sens opposé, et l'auteur, avec son remarquable fusil-express à plomb, arrive à des résultats étonnants avec peu de plomb et beaucoup de poudre. Le chasseur a tout avantage à avoir peu de plomb

D'après la première publication de ces lignes, on nous a souvent demandé de donner une formule. En prenant une moyenne, on peut se servir du tableau suivant comme guide :

N° du plomb.	Poudre.	Quantité de plomb.
0	3 gr. 30	40 gr.
1	3 30	35
2	3 30	35
3	3 80	34
4	3 80	30
5	4	20
6	4 80	26)
7	5 10	20

Ce tableau s'applique aux fusils pesant en moyenne 7 à 7 liv. et demie. Quand un fusil pèse plus de 8 liv., on peut augmenter la poudre pour le gros plomb, mais il a écarté plus. Les cartouches sont bien préférables dans les cas où l'on se sert de beaucoup de plomb. Le nouveau forage dérange toutes ces règles, et avec le nouveau système, chaque fusil doit avoir sa charge proportionnée après épreuves faites. Quelque bizarre que cela paraisse, avec le nouveau forage, l'augmentation de la poudre et la diminution du plomb serreront le coup.

Les capsules à percussion sont les meilleures. L'amorce peut être en argent. On se sert de différents métaux pour le corps de la capsule, mais celles qui sont en cuivre pur, doublées d'argent, sont celles qu'il faut employer. Les capsules inférieures éclatent en morceaux et vous coupent la figure et les doigts : on en a même vu qui vous éborgnaient; les amorces ordinaires brûlent le fusil, et à l'humidité deviennent inutiles. On fait des capsules imperméables en les couvrant d'une couche de vernis; il faut un coup violent pour les faire partir. Elles sont à l'abri de l'humidité, mais elle pénètre à travers la cheminée. On a encore paré à cet inconvénient en doublant les capsules de caoutchouc, et on ne devrait jamais se servir que de ces capsules-là dans la marine et dans l'armée. Il faut tâcher de ne pas fendre la capsule en la plaçant sur la cheminée, à cause de l'humidité qui pourrait alors pénétrer.

Le bourrage, autrefois, était considéré comme de peu d'importance; aujourd'hui il joue un grand rôle dans le tir. On demande de l'élasticité et de la dureté. Dans le temps des fusils à pierre, la combustion de la poudre se faisait sans pression de l'extérieur; c'était simplement la poudre qui s'enflammait dans le bassinet et gagnait peu à peu la charge en passant par la cheminée; il n'y avait pas de poussée directe sur la charge elle-même. Le système des fusils à baguette produisait un effet différent. La flamme de la capsule était déjà par elle-même assez forte, et cette étincelle, jointe au gaz développé par la combustion de la poudre dans la cheminée et dans la chambre, ne pouvait pas s'échapper en arrière, à cause du chien qui frappait sur la cheminée; mais il y avait une force considérable imprimée à la charge (ceci s'applique également aux Lefaucheux); il est très-important que cette force agisse jusqu'à ce que la combustion ait eu lieu. (Là encore on voit une nouvelle preuve de l'inflammation par devant.) On obtient ce résultat désiré à l'aide d'une bourre élastique en laine, qui, difficile à déplacer, quand elle est bien enfoncée, résiste suffisamment à la pression.

Remplissant totalement le calibre du canon, on peut dire qu'elle empêche tout évent, et par suite augmente la force du projectile. En outre, cette bourre possède l'énorme avantage de ne pas se mettre en pièces dans le canon, ce qui lui permet de pousser devant elle les grains de plomb régulièrement en conservant sa position horizontale, comme on peut s'en rendre compte par les marques laissées par les grains de plomb sur une bourre qui a servi. Il est beaucoup moins important que la bourre qui est sur le plomb soit aussi épaisse et élastique, du moins pour les raisons ci-dessus énoncées; mais une bourre trop mince dans les fusils à baguette, permet au plomb du coup que l'on ne tire pas de changer de place au moment de la détonation, et il faut éviter cela.

Plus la bourre est serrée, plus le plomb écartera; dans les calibres plus gros que 16, il faut avoir une bourre juste. Les bonnes bourres ont les bords graissés, et dernièrement on y a ajouté du mercure, qui nettoie le canon de toute trace de plomb qui aurait pu y rester; pour juger de la qualité d'une bourre, il faut la couper avec un canif et voir si elle est bien compacte et solide dans toutes ses parties.

Il faut beaucoup se méfier de la fabrication; souvent on accuse à tort un armurier de vendre ses cartouches trop cher : il se peut qu'il emploie des articles de première qualité et gagne moins tout en vendant plus cher.

La cartouche grillée est un perfectionnement moderne. Ce n'est pas, par le fait, une cartouche, puisqu'il n'y a pas de poudre, mais c'est un petit cylindre contenant du plomb. Plus le projectile est lourd, plus longtemps il ira, c'est-à-dire plus loin il ira s'il est lancé avec la vitesse voulue. La cartouche grillée donne à chaque grain de plomb séparé, aussi longtemps que possible, la force de toute la charge. On met le plomb dans un petit panier grillé en fil de fer, et on verse avec de la sciure de bois pour boucher les interstices; le tout est enveloppé dans un cylindre en papier. La cartouche quitte le fusil comme une balle, et le plomb ne s'écarte que fort loin; la portée est augmentée d'un bon tiers.

On ne doit pas oublier que ces cartouches sont faites pour tirer à de longues portées, et qu'il faut se garder de tirer de trop près, car on risque de manquer le gibier ou de le mettre en pièces.

Nous les recommandons comme un bon article.

CHAPITRE IX

DES CHIENS.

La question des chiens employés à la chasse est si vaste qu'il faudrait tout un volume pour la traiter à fond; aussi nous bornerons-nous à faire quelques remarques générales sur les pointers et les setters (chiens d'arrêt et chiens couchants).

Nous voudrions bien persuader au jeune sportsman qu'il peut trouver dans ses chiens une source de plaisir et une très-grande jouissance. Il est inutile de rabâcher que le chien est l'ami de l'homme; qu'il est aussi fidèle au riche qu'au pauvre. Ce sont des axiomes reconnus. Mais ce que nous voudrions enseigner, c'est que l'on est largement récompensé quand on étudie à fond la sagacité, l'intelligence et les actes accomplis par les chiens. Il y a des quantités d'anecdotes sur les chiens.

Nous avons possédé des centaines de ces animaux, les uns de grande race, les autres plus inférieurs, et nous sommes prêts à croire presque tout ce que l'on nous racontera d'eux. Jusqu'à ces derniers temps, les philosophes ont écrit des volumes pour définir la raison et l'instinct. Ils ont placé les chiens loin en arrière, et ils ont commis en cela une grave erreur. Aujourd'hui, quel est l'homme assez courageux pour prétendre savoir où l'instinct commence et l'intelligence finit? « L'homme, dit lord Bulwer Lytton dans son style sentencieux, qui est le plus vaniteux de tous les animaux, prétend avoir seul la prérogative de la pensée et condamne les autres animaux à obéir à une simple force mécanique qu'il appelle instinct. Mais comme l'instinct est infaillible, et que la pensée se trompe souvent, l'homme n'a pas déjà tant à se glorifier, même d'après sa propre définition. » Ce sont les actions accomplies par le chien aussi bien que par le cheval, l'éléphant, et quelques autres animaux placés sur la limite entre la raison et l'instinct, qui donnent tant de piquant aux anecdotes. L'esprit du lecteur est excité et content en apprenant qu'un chien, qui n'a que de faibles lumières pour le guider, a accompli tel ou tel acte qui a l'air d'avoir été le résultat d'un raisonnement. Son intelligence est-elle réellement inférieure? ou bien n'est-elle que confinée dans un espace plus restreint? Nous prendrons la liberté de donner une ou deux anecdotes sans grande importance par elles-mêmes, mais d'un grand poids pour notre sujet.

Un des points caractéristiques du chien est l'attachement et le respect qu'il porte au personnage qui est à la tête de la famille, quand bien même ce dernier ne lui témoignerait aucune attention.

Nous avons ici un sentiment qui s'approche du respect. Ils ont, comme les chevaux, peur du vague et de l'inconnu. L'autre jour nous avions fait entrer dans l'atelier de notre ami Pierre Mac-Nab un terrier de première force, et il eut une peur épouvantable d'un mannequin ; il s'éloigna et se blottit sous une chaise. La figure n'avait pas d'expression menaçante, ne levait pas le bras, c'était un modèle pour représenter une femme sur des tableaux allégoriques. Tout le monde sait que ces figures ont un aspect un peu fantastique qui éloigne à première vue les personnes nerveuses ; mais qui aurait pensé qu'un chien aurait éprouvé la même sensation ?

Quand nous étions gamin, nous avions un terrier de demi-sang, qui en deux leçons a appris à aller s'acheter un pain qu'il rapportait après avoir porté le sou pour le payer ; ceci est du reste assez connu. Quand ce chien devint vieux, nous en fîmes cadeau à une dame, et quoique jamais il n'avait apporté à la maison d'autres choses que son pain, cette dame le vit un jour se précipiter dans la chambre et lui déposer sur les genoux une petite Bible pleine de boue qu'il avait trouvée dans la rue ; ce chien savait évidemment que les livres avaient une certaine valeur, et en en voyant un il l'a ramassé.

Nous avons possédé un autre terrier qui avait la manie d'empêcher les coqs de se battre, et quand nous avions des combats de coqs, il s'avançait majestueusement et séparait les combattants avec un air digne et l'apparence d'un pacificateur; il ne quittait la place que lorsque les oiseaux avaient chacun pris une direction différente. La fin de ce pauvre chien fut triste. Il était exactement de la couleur d'un lapin et portait les oreilles droites. Pendant longtemps nous avons résisté au désir d'un de nos amis de le lui prêter pour chasser le lapin, en dépit de son assurance de ne pas tuer un chien pour un lapin; cependant un jour il insista tellement que nous le lui prêtâmes; le même jour le chien était tué! Nous avons connu un chien qui volait les œufs et les gobait dans un coin; quand on le grondait, il nous riait littéralement au nez; du reste, il n'était bon à rien

Une chienne dont on avait régulièrement noyé tous les petits plusieurs fois, un beau jour disparut, et l'on découvrit qu'elle était allée déposer de nouveaux petits dans une caverne inaccessible; ces jeunes chiens s'élevèrent tout seuls et devinrent sauvages comme des renards.

Nous avons eu une chienne d'arrêt, excellente aux faisans, « Belle »; jamais elle n'allait à plus de dix pas en avant et ne poussait pas l'oiseau quand elle était dans les fourrés, guettant en se retournant si nous arrivions près d'elle et si nous pouvions la suivre. Aussitôt qu'elle arrivait à une clairière, sa tactique changeait, et elle se précipitait d'elle-même pour faire voler le faisan.

Il serait un peu fort de croire qu'elle n'agissait de la sorte que parce qu'elle savait que c'était un bon endroit pour tirer; cependant ce chien a dû comprendre : premièrement, que ce n'était pas son rôle d'attaquer le faisan; deuxièmement, que notre but était de le tirer dès que nous le pourrions, et troisièmement, que nous ne le pouvions pas s'il partait trop loin de nous ou dans un fourré trop épais. Sa conduite entière avait l'air d'être raisonnée [1].

En dehors du raisonnement, il y a la question fort curieuse de la susceptibilité de certains chiens pour la musique et pour certaines notes en particulier.

Nous avons possédé un très-gros chien de cerf de l'Écosse, un des plus grands chiens que nous ayons vus; ce chien, quand notre fille jouait du piano, posait sa tête sur le piano et écoutait avec joie. Nous en connaissons d'autres, de petits chiens de salon, qui au son d'une note se mettent à hurler en se sau-

---

[1] (*Note du traducteur.*) Nous pouvons certifier le fait, car nous possédons aujourd'hui une chienne, *Finette*, qui agit exactement de même.

vant; une certaine note seulement leur produit cet effet. Les chiens sont très-propres; ils distinguent parfaitement les caractères.

Nous avons eu un chien aussi qui jouait avec le chat de la maison et même se servait de sa bonne fourrure comme oreiller devant le feu; ce même chien faisait une guerre acharnée à tous les chats étrangers. Que de chiens ne se conduisent pas de même avec les étrangers bien vêtus, qu'avec des rôdeurs ou des mendiants! Nous en connaissions un qui ne leur disait rien, mais qui les accompagnait jusqu'à cent mètres en dehors de l'habitation et revenait d'un air triomphant; sa responsabilité était à couvert. Il est impossible de commenter de pareils faits; c'est aussi profond que la métaphysique qui, au dire d'un certain maréchal ferrant écossais, est une chose qu'un homme qui n'y comprend rien explique à un autre qui y comprend encore moins. En un mot, et pour terminer ces observations, ceux qui étudieront le caractère des chiens y trouveront une variété au point de vue moral, si je puis me servir du mot, tout aussi grande que parmi les hommes. Il y a des chiens simples, lâches, méchants, héroïques et bienveillants. Les uns sont capables de toute espèce de turpitudes et jamais d'une belle action; d'autres sont incapables de bassesses, mais peuvent commettre des crimes.

Maintenant parlons du chien de chasse. Il y a deux espèces de chiens employés pour la chasse (passons pour le moment le *retriever* dont nous parlerons plus loin) : le chien d'arrêt *pointer* et le chien couchant *setter*. Tous deux ont du bon et du mauvais. La première question est de savoir quelle est la nature du terrain sur lequel on chasse ; et la seconde, quel genre de travail on attend d'eux. Le pointer est plus lent, mais plus sûr ; le setter plus vite et plus résistant.

Tous les chiens marquent un temps d'arrêt avant de se jeter sur leur proie ; cette pose a été prise comme point de départ pour l'éducation du chien d'arrêt, qu'on est arrivé à faire rester en place jusqu'à ce que le maître lui permette de bouger. Le chien d'arrêt à poil ras souvent lève une patte à l'arrêt ; c'est de là que lui vient le nom de pointer (*pointing* voulant dire montrer). L'autre espèce à poil long se couche généralement à terre pendant son arrêt, et c'est à cause de cela qu'on la nomme setter (*setting* voulant dire se coucher). On demande les mêmes qualités aux deux espèces ; mais, comme nous l'avons déjà dit, chacune de ces espèces a des qualités inhérentes à sa race, qui font que leurs services sont différents. — Le chien à poil ras est préférable pour le commençant.

Parlons un peu de ses mérites en général.

Le pointer descend, dit-on, des chiens sauvages de l'Andalousie ; c'est un moine espagnol qui avait observé que cette race de chien s'arrêtait avant de se jeter sur le gibier. Comprenant le parti qu'on pouvait tirer de cette habitude, ce moine dressa un de ces chiens, et c'est de ses descendants qu'est sortie toute la race des pointers. L'histoire peut n'être pas vraie, mais elle est très-probable, et le chien d'arrêt espagnol a encore aujourd'hui ses partisans, quoiqu'il ne vaille pas le nôtre.

Il y a d'autres animaux qui marquent l'arrêt. Le renard gris d'Amérique arrête pendant fort longtemps avant de sauter sur sa victime. Le chien très-bien né est presque en catalepsie quand il arrête ; or il est peu probable qu'à l'état sauvage il en soit ainsi, car il manquerait souvent son gibier. Mais il est peut-être ennuyeux d'étudier l'histoire passée du pointer, et son histoire future est plus intéressante. Le chien espagnol est un animal plus indolent que le chien anglais ; il a comme signe particulier le nez divisé en deux parties par une fente très-profonde. Le pointer de pur sang doit avoir le poil luisant, les oreilles fines, la tête large et élevée, les narines ouvertes pour permettre à son odorat de se développer, un creux prononcé sous chaque œil, les jambes de devant droites, et celles de derrière bien coudées, le dos bien attaché aux reins, la queue en ligne droite avec le dos et les pieds ronds et petits. On voit bien l'air de sagesse et d'éducation du bon chien : tandis que le chien sauvage et fou a le regard vague et errant, le bon chien suit l'œil de son maître et semble vouloir lui plaire. Beaucoup jugent d'après les oreilles, qui doivent tomber naturellement et ne pas se dresser à moitié quand l'attention du chien est éveillée. La poitrine doit être large pour le jeu des poumons; il y a encore d'autres points qui diffèrent, selon les chiens, tels que les babines épaisses, et on voit de très-bonnes races qui n'ont pas la queue, indiquant le meilleur sang; mais une mâchoire trop longue, une queue également, dénotent une descendance du renard : ces chiens-là ont du nez, mais mauvais caractère et sont difficiles à diriger. Il est préférable de se tromper dans l'autre sens, et de choisir un animal plus compacte quoique plus lent; il sera plus obéissant. Quant au sexe, on préfère généralement le mâle pour plusieurs raisons, et aussi sont-ils plus chers.

La finesse de l'odorat appelée « un bon nez » est indispensable; le jeune sportsman sera étonné d'apprendre que quelquefois les chiens ont trop bon nez pour s'en servir. Cela résulte, croit-on, d'un élevage en dedans; quand le sens de l'odorat est trop prononcé, le chien se trompe. Il doute s'il y a du gibier devant lui; et comme sa sensibilité nerveuse le domine, il arrête, quand même il n'y a rien. Il fait des « faux arrêts », c'est-à-dire qu'il arrête les places où le gibier a été et a laissé son odeur. Nous ne pouvons pas nous rendre compte du développement de ce sens chez les chiens, en le comparant au nôtre. L'anecdote suivante en donnera une idée.

Un jour, chassant dans l'Argylshire sur un « moor » avec une chienne d'arrêt noire appelée « Bess », nous fûmes obligés de punir notre chienne pour avoir mangé des restes d'un mouton mort et en putréfaction. Une heure après, nous repassâmes sous le vent de la même charogne ; Bess se souvenait évidemment de la punition, car elle continua à chasser sans se déranger. L'odeur était si forte, que c'est à peine si nous pouvions la supporter ; aussi nous pressâmes le pas. Quel ne fut pas notre étonnement de voir Bess, ordinairement très-obéissante, retourner subitement et se diriger droit sur la charogne ! Ni cris ni sifflets ne pouvaient la faire revenir. Avançant alors sur elle, nous essayâmes de l'arrêter ; ce fut en vain : elle pistait lentement, et finalement tomba en arrêt sur le mouton mort. Agacé, nous la prîmes par le cou pour la détourner ; au même moment un coq grouse s'envola de l'intérieur de la carcasse où il mangeait des vers ; nous n'eûmes que le temps de le viser et de le mettre dans notre carnier. Aussitôt après, Bess reprit son travail. Jugez de la puissance de ce sens qui pouvait découvrir la présence d'un petit oiseau d'où il ne devait pas s'échapper grande odeur au milieu de cette infection du mouton mort. Cette même chienne suivait la piste d'un oiseau au milieu des crochets les plus inextricables, mais elle se trompait souvent à cause du développement trop prononcé de son odorat.

Les setters ne se ressemblent pas; ils diffèrent selon leur race. La plus belle variété est « le noir et feu », en anglais *black and tan;* leurs oreilles doivent être longues, soyeuses et douces. Certaines races anglaises ont les oreilles courtes, ce qui déroute bien des connaisseurs. On estime beaucoup la race de M. Laverack et la race Gordon. On ne sait pas toujours quelles sont les marques caractéristiques du Gordon-setter. On vous dira qu'ils doivent être noir et feu sans blanc, et cette opinion prévaut trop souvent. Il y a certains connaisseurs qui disent qu'il n'y a pas de vrais Gordon sans blanc. Puisque nous citons les opinions diverses, nous dirons avec une certaine connaissance, car nous avons eu beaucoup de ces chiens dans les mains, que la tache blanche sur la poitrine est certainement un signe de race. Il y a des exceptions, et nous avons vu un chien de race parfaitement pur Gordon être couleur taupe; le plus beau que nous ayons vu avait cette même couleur.

Les setters sont très-chers ; on en a payé jusqu'à 12,500 francs ! C'était un étalon d'une grande célébrité.

La race rouge d'Irlande donne souvent des animaux très-beaux, mais il leur faut beaucoup de travail pour les calmer : ils sont tout bons ou tout mauvais. Le setter doit avoir le pied long, contrairement au pointer, et le poil qui recouvre la queue et les pattes doit être long et doux ; le chien présentera un animal carrément bâti, et grand ; la lisse sera plus arrondie dans ses formes et aura le nez plus petit et plus évasé.

Le setter dure plus longtemps que le pointer, et tout en travaillant plus vite, il peut travailler plus longtemps. Ce chien est préféré pour la chasse aux grouses, où le terrain à parcourir est plus étendu que dans la chasse aux perdreaux. En résumé, c'est un chien à qui il faut beaucoup d'ouvrage ; il n'aime pas les terrains trop secs. Dans les contrées humides, il est heureux et ne manque jamais une occasion de se baigner dans les mares. Le setter a besoin d'un entraînement plus long que le pointer, étant plus emporté. Néanmoins, il arrête très-ferme, et il arrive souvent que dans les bruyères il est à l'arrêt sans que l'on sache où ; il faut le chercher avec d'autres chiens, tellement il est caché dans les herbes, qui ont sa couleur.

Malheureusement les livres que l'on écrit sur la chasse sont souvent des conpilations. Nous avons lu dernièrement le contraire de tout ce que nous venons de dire ; on appliquait aux pointers les qualités du setter, et *vice versa*.

Écrire sur le fusil et sur la chasse est un sujet populaire et engageant pour le littérateur. Mais si tentant qu'il soit, il faut éviter de commettre des erreurs grossières. On parle beaucoup des armes à feu depuis quelques années, mais on les connaît peu. Dans le métier d'armurier « la vie est courte et l'art est long » ; aussi, après quarante ans d'expérience, j'apprends encore, tandis que des jeunes gens qui commencent croient être maîtres du sujet, et cependant nous n'avons jamais été en retard ; au contraire, toujours nous avons marché de l'avant. Nous faisons cette remarque en passant, parce qu'il arrive souvent que le lecteur est absolument trompé par des erreurs qui s'impriment et restent. Le mécanicien ou sportsman qui pratique écrit rarement. Il sait, et c'est tout. L'écrivain ne sait pas, mais écrit.

Ainsi, d'après ce qui précède, nous voyons que le setter est le chien de plaine, le chien des pays ouverts où le gibier tient bien sous l'arrêt et donne le temps au tireur d'approcher ; tandis que le pointer est moins actif, plus prudent et mieux approprié à la perdrix.

Le setter est plus courageux que le pointer : il va à l'eau, ce qui est un grand avantage; mais il est beaucoup plus difficile de se procurer un chien de race vraiment pure, et ces animaux coûtent très-cher.

Les défauts principaux des chiens de chasse sont : partir au coup de fusil, suivre la plume au vol, courir le lièvre, arrêter les allouettes, se sauver.

Le manque de nez est un défaut auquel on ne peut pas remédier, mais les vices que nous venons d'énoncer proviennent d'un mauvais dressage dans leur jeunesse.

Nous avons possédé un très-beau jeune chien que nous avions confié à un fermier qui le laissait courir les lapins. Ce défaut, inconnu jusqu'alors dans sa famille (il était fils d'un pointer célèbre appelé « Punch », à M. John Crooks), était tellement invétéré chez lui qu'il fut impossible de l'en déshabituer : cela prouve combien l'on doit commencer de bonne heure l'éducation des animaux; ils ne raisonnent pas, on ne doit pas l'oublier; sans cette précaution ils acquerront des vices qui leur feront perdre toutes leurs bonnes qualités.

On dit qu'un chien part au coup de fusil, quand il lâche son arrêt et se jette sur la place au moment où le coup part, au lieu de se coucher à terre en obéissant au commandement *Down to charge,* qui est la qualité *sine qua non* d'un chien. Beaucoup de chiens le font d'eux-mêmes; d'autres, plus vieux, s'assiéront seulement. On peut bien passer cela s'ils ont de l'âge; mais avec les jeunes chiens, il faut exiger qu'ils se couchent.

Suivre des perdreaux, même après qu'ils se sont envolés, est un défaut impardonnable; il faut absolument en corriger le chien, qui autrement n'est bon à rien. On le punit et on crie : *Gare aux ailes!*

Le chien qui court le lièvre est moins désagréable que celui qui a les défauts précédents, et il y a de très-bons chiens qui ne peuvent pas s'en corriger. On a adopté différents remèdes. On se sert d'une corde de soixante mètres de long, attachée à un collier muni de pointes intérieures : une secousse donnée à la corde corrige le chien; ce même système est employé pour raccourcir les jeunes chiens trop vigoureux, mais on l'attache à un simple collier. Un autre mode consiste à mettre au cou du chien un collier en forme de triangle, la pointe en bas; l'animal en baissant la tête au galop se heurte et fait la culbute. Beaucoup de chiens se guérissent de ce défaut en s'épuisant à la poursuite des lièvres; quand ils reviennent, on les gronde, et on les empêche de partir la fois d'après. Un chien sait très-bien quand il est en faute, mais il se figure que la punition qu'on lui inflige le purge de sa faute et qu'on ne lui en veut plus après. La plupart du temps, il rampe piteusement avant d'être puni, et après avoir reçu les coups, il saute de joie. Quand on fouette un chien, ce qui est malheureusement nécessaire quelquefois, on ne doit jamais enrouler la mèche autour de son corps, mais le frapper en long, sur le dos, et s'arrêter après chaque coup, en parlant sérieusement et sévèrement. Il comprendra mieux qu'on ne le pense. Les chiens saisissent la signification des mots qu'on leur adresse, témoin les chiens de berger. — Un très-bon moyen de punir les chiens très-forts et vigoureux est de ne pas se servir du fouet du tout, mais de les faire tenir tranquilles pendant quelques minutes sans bouger; cette punition morale a une grande influence. Si un chien a une grande valeur, et qu'on veuille absolument le guérir de courir les lièvres, il faut le mener là où il y en a beaucoup, et il s'habituera à les voir sans se déranger, ou se fatiguera bien vite de les poursuivre. Rien n'est plus tentant pour un chien que de voir lui sauter sous le nez un lièvre en plaine; aussi il faut être indulgent s'il fait quelques pas.

Le défaut d'arrêter les alouettes rend un chien inutile quand il est invétéré. Cependant, souvent cela provient de la fatigue, ou encore de ce qu'il y a très-peu de gibier; dans ces cas-là, il faut être moins exigeant. Nous ne connaissons rien de plus ennuyeux et agaçant que d'être tout le temps sur le qui-vive et de voir chaque fois une alouette s'envoler; on a le doigt sur la détente et souvent une bien grande envie de tuer son chien. De tous les chiens que nous avons vus, bons, mauvais et indifférents, aucun ne nous a fait faire du mauvais sang comme celui qui arrête l'alouette.

Le chien qui se sauve prend cette habitude quand il a peur du fusil. On prétend qu'on ne doit pas permettre aux jeunes chiens d'arrêter les lièvres, que cela les fait sauver plus tard, parce que ne devant pas le courir, au moment où le lièvre part le chien retourne à son maître sans savoir que faire. — Beaucoup de jeunes chiens sont terribles pour cela dans les commencements : on doit faire bien attention en les dressant. Le défaut consiste à quitter l'arrêt et à venir derrière les talons aussitôt que l'on tire ou qu'on lève le fusil; quelquefois le bruit de la détonation fait sauver le chien hors du champ, et il va se réfugier n'importe où, quand il ne rentre pas chez lui. La douceur seule peut remédier à cet inconvénient. Il faut du temps et de la patience, montrer le fusil au jeune chien, et le lui faire voir dans de différentes positions, en lui inculquant bien l'idée que l'arme n'est pas destinée à lui faire du mal. Un chien bien dressé léchera un fusil; nous l'avons vu faire par un jeune *setter* que nous avions pris au dressage dans le Pertshire. Si par hasard un jeune chien a reçu un coup de fusil, il est probable que toute sa vie il se sauvera.

En dehors de ces défauts les plus connus, il y a différents degrés de qualités chez les chiens que nous n'avons pas besoin de détailler ici, pas plus que la question de savoir combien de chiens on doit avoir. — Quelques mots encore, et nous quitterons le sujet. Moins on a de chiens, mieux cela vaut; car pour avoir de bons chiens sages, il faut pouvoir les travailler comme les chevaux.

Un bon chien suit son maître tranquillement, ne passe jamais une haie avant lui, et se place à ses talons, au commandement : « Derrière ! » Il bat bien le terrain sans oublier le moindre coin, et redouble de prudence quand il approche du gibier, jusqu'à ce qu'il s'arrête ferme quand il l'a découvert. Si ce sont des perdreaux et qu'ils courent à pied, il marche lentement dans les jambes de son maître, se couche quand le coup part pour laisser le temps de recharger, et ne se relève que lorsqu'on lui en donne l'ordre. Quand un oiseau est blessé et court, le bon chien le piste, le suit dans ses détours, et ne saisit pas l'oiseau quand il l'a trouvé. En cherchant, il regarde son maître à chaque tournant et ne s'écarte pas, obéit à l'appel ou à la main, et généralement comprend ce qu'on attend de lui, et est désireux de le faire.

Un mauvais chien court çà et là, sans but apparent, tantôt devant, tantôt derrière. Il traverse une compagnie de perdreaux sans s'en apercevoir, et s'amuse à des niaiseries, là où a reposé un gibier. Un lièvre passe-t-il dans la plaine, s'il l'a en vue, il s'élance après. On le voit flânant derrière vous; puis il s'élance en avant, et part à plus de 500 mètres. En un mot, il est bien plus qu'inutile.

Étudions le côté du chasseur.

Un bon chasseur fait attention à son chien ; il est très-difficile et exigeant, et ne lui passe pas une faute, tout en étant doux avec lui, et souvent le matin, au commencement de la chasse, il y a beaucoup de chance pour que le chien fasse des fautes. Jamais il ne violera une règle pour tirer un coup de fusil de plus et éviter un peu de peine. Il sait qu'une faute non corrigée peut avoir de graves conséquences, en détruisant chez le chien la notion de la distinction du bien et du mal. Il encourage son chien de la voix et du geste. S'il fait des gestes, ils sont bien clairs, et il les fait près de lui pour qu'il les voie bien. En appelant son chien, il élève la voix et lui parle doucement, lui donne des noms sonores qui s'entendent de loin, terminés en *o,* « Carlo », de préférence. Quand il punit, il explique au chien pourquoi il le punit. En somme, il avertit, punit et encourage, selon qu'il en est besoin.

Un mauvais chasseur bouscule et presse son chien, le rend nerveux ; il le pousse quand il ne faut pas, et l'appelle derrière pour rater un coup de fusil sur des perdreaux à pied. Un jour il suivra des règles sévères ; le jour suivant il enverra son chien courir après un lièvre blessé. Il n'exerce aucun contrôle, oublie de surveiller son chien et de le retenir près de lui. Il le laisse passer d'un champ à l'autre, tout seul, et battre la plaine tout à l'aise.

On ne doit pas risquer en primeur de se servir de jeunes chiens pour le perdreau ; c'est dangereux dans l'après-midi ; un bon vieux pointer, bien sûr, est ce qu'il y a de mieux pour ramasser les perdreaux dispersés. — Le sportsman ne doit jamais violer une des règles de la chasse. Un chien est vite gâté s'il n'est pas bien mené, et en un jour on peut perdre l'éducation de plusieurs mois, simplement pour avoir négligé de corriger une faute, ou par paresse. Surtout vis-à-vis du lièvre le chasseur est souvent inconstant.

Les qualités du chien sont héréditaires.

Il y a une règle dans l'élevage, c'est que le mâle soit proportionnellement plus petit que la femelle. La meilleure saison est le printemps : les chiens d'hiver sont toujours moins bons ; il faut que les jeunes chiens aient du lait en abondance. Quand on choisit des reproducteurs, il ne faut pas perdre de vue les grands principes physiologiques, à savoir que les organes de la digestion dérivent de la femelle et les organes de la locomotion du mâle. Cette règle est vraie dans toute la nature, et si on y fait attention, on augmente les chances de succès. Ainsi on ne doit jamais choisir comme étalon un chien qui a les jambes faibles, de grands pieds ou une mauvaise démarche ; ni comme lice reproductive une chienne qui a un mauvais estomac ou une maladie de cerveau. Depuis quelques années, ces règles sont plus connues ; nous avons été un des premiers à les donner, ainsi qu'à demander des expositions de chiens aujourd'hui si répandues.

Les chiens étant carnivores, il leur faut de la nourriture animale quand ils travaillent beaucoup. Souvent en Écosse on fait bouillir un mouton, et on en fait une gelée dont on donne une portion chaque jour. Le biscuit de mer est sain et fortifiant ; la farine d'avoine est excellente ; on mélange aussi avec succès de la farine d'avoine et de la farine de maïs. Depuis quelques années, on a préféré le biscuit de M. Spratt. La valeur de ce biscuit est si reconnue que le gouvernement a ordonné que ce serait la nourriture des chiens esquimaux qui traîneraient les traîneaux dans la nouvelle expédition polaire, ce qui est beaucoup dire, puisque toute l'expédition dépend de la santé de ces chiens. On fabrique différentes sortes de ces biscuits, selon que l'on veut nourrir le chien plus ou moins, selon son travail. La coutume est de donner un seul repas aux chiens; le soir est préférable.

Après une journée de chasse, on doit leur regarder les pieds pour retirer les épines s'il y en a, ou cautériser les coupures, leur sécher les jambes et leur faire une litière sèche. Nous n'avons pas à parler ici de l'entretien du chien; mais le sens commun dictera au sportsman que les bancs soient larges, la ventilation bien comprise, qu'il y ait de l'eau en quantité, et que tout soit tenu propre. On lavera les murs au lait de chaux; la fougère ou la sciure de sapin vaut mieux que la paille comme litière. Les chiens doivent sortir deux fois par jour.

Les chiens ont beaucoup de maladies. Intérieurement, les vers sont ce qui les tracasse le plus; à l'extérieur, la gale. Le remède à la première est la noix d'arec ou du verre pilé avec du beurre, avec une médecine après. Pour guérir la gale, un changement de nourriture, des purges légères et du mercure; sur la peau, des frictions de soufre. Pour le rouge, on peut se servir de pommades à l'arsenic. Consultez le traité de M. Stonehenge sur les chiens, un livre indispensable à tout sportsman.

La maladie des chiens *scottice* enlève beaucoup de jeunes chiens. Il est reconnu aujourd'hui que la vaccination empêche ou du moins modifie beaucoup le mal qui, en tout cas, est bien moins fort quand le chiot a beaucoup de lait et peu de viande. On vaccine facilement à l'intérieur de l'oreille; nous avons souvent demandé si cela réussissait, et la réponse a été presque toujours affirmative.

Le dressage des jeunes chiens doit être confié à des personnes qui savent développer dans le chien son savoir-faire, et ne pas le maltraiter inutilement pour lui faire exécuter certaines choses. On peut les dresser très-jeunes, à six mois; mais il ne faut pas montrer de gibier à l'élève avant plusieurs mois, sans quoi il deviendrait malin et ne serait pas bien dressé. Une fois le dressage terminé, il faut le parfaire et le rendre sage en lui tuant du gibier devant lui; aussi les jeunes gens doivent se rappeler qu'un bon vieux chien en vaut trois jeunes, et que ce n'est pas celui qui parcourt le plus de terrain qui rapporte le plus de gibier. Maintenant que le jeune sportsman est prêt à entrer en campagne, un mot sur les accidents de chasse serait peut être à sa place.

CHAPITRE X

ACCIDENTS PROVENANT DES ARMES A FEU.

Vu la quantité de personnes qui chassent, les accidents sont rares, et ces accidents ont généralement deux causes; en les évitant, on court vraiment très-peu de risque. Ces causes sont : porter son fusil avec le chien baissé ; prendre son fusil par le canon en passant un obstacle ; permettre au chien de sauter sur vous.

La première de ces causes a été dernièrement l'origine de plus d'accidents que les deux autres. Quand on voit combien l'action de la pression de la capsule est subtile et le peu de force qu'il faut pour l'enflammer, on est étonné de voir encore tant de chasseurs porter leur fusil avec le chien sur la capsule, et cependant combien en voit-on qui le font pour éviter, disent-ils, les accidents! Quoique le fusil à baguette ne soit plus que très-peu employé, nous laissons la phrase telle qu'elle est; bien plus, quand un coup a été tiré, on voit des chasseurs charger l'autre coup en laissant le chien baissé ; ils croient que c'est agir avec prudence : ils se placent dans la position la plus dangereuse possible, cela correspond à laisser le chien armé, ou à mettre la capsule avant de charger. Nous en connaissons un malheureux qui, en chargeant de la sorte, fit partir le coup en cognant le chien avec son genou; cela lui coûta quatre doigts. Jugez si le fusil frappe contre une pierre ou un corps dur! Un monsieur nous a dit à ce sujet : « Vous avez raison de conseiller de porter le fusil au cran de repos; un de mes amis est tombé, et son fusil s'est bouché avec de la terre; mais comme il était au cran de repos, il n'a pas éclaté. » La règle est de toujours avoir son fusil désarmé, à moins d'avoir le gibier tout près de soi, et de ne jamais charger un coup, à moins que l'autre ne soit désarmé. La batterie rebondissante évitera certainement beaucoup d'accidents, car le danger est aussi grand dans les fusils se chargeant par la culasse.

Prendre son fusil par le canon en traversant une haie est encore une source de malheurs et se joint à la première cause; il est même moins dangereux de le faire avec le fusil armé, que le chien fermé. La raison est claire. La sous-garde protége la gâchette et l'empêche d'être accrochée par une branche, tandis que le chien peut être soulevé par un morceau de bois, et en retombant il fera partir le coup. On doit toujours porter son fusil devant soi ou le tenir derrière, selon le cas, et la crosse doit être tenue solidement dans la main et près du corps, les chiens au cran de repos, et on sera tranquille.

Quand un chien bondit et vous saute après, il peut aussi causer un accident; il ne faut jamais permettre à un chien de prendre cette mauvaise habitude.

Il n'y a pas de règles sans exceptions; aussi, souvent, a-t-on besoin de garder son fusil armé; mais alors il faut prêter grande attention. Si l'on craint que le bruit du chien que l'on relève ne dérange le gibier, on peut l'éviter en appuyant sur la gâchette en même temps qu'on relève le chien avec le pouce.

Il est rare de voir des accidents venir d'autres causes, et un chasseur est rarement blessé par son voisin : nous ne parlons ici que des vrais sportsmen qui savent tenir un fusil, et non de ces messieurs qui laissent partir le coup sans s'en douter, comme on le lit tous les jours dans les journaux.

Dans les battues de bois, il faut faire attention, et c'est le devoir du garde de placer ses tireurs convenablement et de les prévenir s'il y a des différences de niveau, et il est impossible de donner des règles sur ce point.

Nous n'avons pas besoin de dire qu'il faut décharger son fusil avant d'entrer dans une maison ou de mettre son fusil dans la boîte.

Les accidents provenant des armes qui éclatent sont excessivement rares, et même quand le fusil éclate le tireur n'est pas toujours atteint, car les morceaux du fusil ne viennent pas en arrière. Une des raisons qui font éclater le fusil, c'est le canon bouché par la neige ou la terre, qui a l'air de s'en aller facilement, mais ferait éclater le plus fort canon. Généralement toute la partie du canon en avant de l'endroit bouché saute en pièces. Le malheur arrive même si le canon n'est pas tout à fait bouché. Cela vient de la vitesse extraordinaire du gaz qui se dilate quelque chose comme 2,500 mètres à la seconde ; ce gaz est arrêté subitement, et comme les parois du canon ne sont pas de force à résister à une pareille pression qui s'opère tout à coup, elles cèdent et le fusil éclate. Un corps solide continuerait son chemin et suivrait l'impulsion ; mais le gaz, n'ayant pas d'impulsion, sort par où il peut le plus facilement. Si l'on pouvait pendant une seconde empêcher cet effet, le gaz renverserait n'importe quel obstacle. La plus petite chose pourrait boucher un canon ; on devra toujours y regarder, si l'on suppose que l'accident a pu arriver soit qu'on ait sauté dans un terrain mou ou qu'il y ait de la neige. Du plomb durci à dessein peut déchirer la cartouche et rester dans le canon ; il est sûr de causer un malheur. Nous insistons sur ce point, parce que peu de personnes se rendent compte combien un fusil est vite bouché ; un rien le fait éclater. Si l'on remarque une fissure sur le canon, il est facile de voir si elle est récente à son aspect, car, ancienne, elle sera rouillée et noire; il vaut mieux consulter un expert.

Si le plomb ne repose pas sur la bourre qui se trouve sur la poudre, il y a risque d'accident; de là l'immense avantage des bourres élastiques, qui ne remuent pas par la secousse du coup tiré dans l'autre canon. La bourre mince et non élastique n'est pas sûre; ceci ne s'applique qu'aux fusils à baguette.

Nous ajouterons à ces remarques que si l'on chasse avec du monde, il ne faut pas promener son fusil avec le doigt sur la détente. L'œil seul doit regarder tout autour, et quand on a bien vu on porte alors son fusil à l'épaule.

CHAPITRE XI

§ 1. — *Entretien et nettoyage des armes à feu.*

Aussitôt que l'on s'est servi d'un fusil, il faut laver les canons à fond; on place les canons dans l'eau chaude et on passe et repasse la baguette avec le nettoyeur ou un morceau de linge. Une fois le lavage opéré, passez un chiffon sec jusqu'à ce que les canons soient parfaitement secs et terminez par un chiffon légèrement huilé, que vous passerez à l'intérieur et à l'extérieur. Depuis les fusils à cartouche on peut se passer du lavage; on le remplace avantageusement par un chiffon imbibé d'huile ou, ce qui est mieux, d'essence de térébenthine; cette dernière enlève toute trace de plomb presque comme du mercure. Si vous les lavez, ne placez jamais les canons sur un sol dur. Si la poudre s'est amassée en paquet, enlevez-la avec de l'huile. Il faut surveiller la platine et la retirer pour l'huiler de temps en temps, mais il n'est pas nécessaire de dévisser les chiens. Il faut mettre très-peu d'huile en dedans de la platine et de très-bonne qualité; l'huile de pied de bœuf est la meilleure à employer pour les fusils, et, pour la clarifier, jetez-y du plomb ou des rognures de balle: le plomb a de l'affinité pour l'eau et retirera toute celle que l'huile pourrait contenir. C'est l'eau qui est dans l'huile qui abîme et détériore les fusils ou toute autre œuvre d'art faite en fer; on en voit l'effet par la présence des taches de rouille qui apparaissent aussitôt. Si on laisse son fusil au repos, il faut boucher les canons et placer dans chacun d'eux une baguette en bois entourée de flanelle; mais si vous pouvez avoir besoin de votre fusil d'un moment à l'autre, placez-le les canons en bas pour empêcher la poussière d'y entrer. Les meilleures boîtes sont en chêne ou en acajou; l'humidité n'y pénètre pas. Au bord de la mer ou sur mer ne vous servez jamais que d'essence de térébenthine;

une couche de sang d'oiseau d'eau est excellente. C'est la seule manière d'empêcher un fusil de se rouiller sur mer. Quand vous remontez votre fusil, placez la crosse horizontalement et à l'envers, et accrochez les canons qui se refermeront par leur propre poids sans efforts. On évite bien des accidents à sa crosse en se conformant à ces règles. Faites aussi bien attention, en le démontant, de ne pas abimer la crosse ; ce sont autant de détails que l'on donne rarement dans des livres, mais nous savons que le secret de l'instruction consiste dans la simplicité et les milles petites choses que l'écrivain ordinaire semble passer, parce que ceux à qui ils s'adressent doivent les connaître. Il n'y a aucun mal à les répéter, au contraire.

§ 2. — *Comment on charge les fusils.*

Ce paragraphe embrasse non-seulement l'acte de charger le fusil, mais aussi les proportions de munitions.

Il y a deux principes dans la charge : l'un consiste à mettre beaucoup de plomb et peu de poudre ; l'autre, moins de plomb, plus petit, et beaucoup de poudre. Les deux systèmes ont leurs défenseurs, cependant le second est le plus répandu. Les fortes charges blesseront du gibier à de longues portées ;

ce gibier mourra, mais de maladie, et sans profit ; aussi les applique-t-on peu. Nous avons connu un moor où presque tout le gibier avait été détruit par ce moyen, mais non emporté, et un an après on voyait encore les os des grouses dans la plaine.

Avec les nouveaux systèmes de forage on a obtenu des avantages considérables en augmentant la charge de poudre et en diminuant le plomb. Il n'y a pas de règle bien fixe, car on a vu des fusils dont la force augmentait même en diminuant la charge de poudre ; c'est bizarre, mais c'est un fait.

Autrefois on préférait la poudre fine, aujourd'hui on aime mieux la grosse ; plus le calibre est gros, plus la poudre doit être grosse, et le recul sera moindre. Les canons courts demandent une poudre plus fine. Dans un long canon la poudre a plus de temps pour se consumer, et on peut y mettre jusqu'à 5 grammes. En général, 3 grammes sont suffisants. Rappelez-vous qu'il vaut mieux diminuer le plomb que de l'augmenter.

On achète généralement ses cartouches toutes faites ; mais dans le cas où l'on voudrait les faire soi-même, nous en dirons quelques mots. Il y a une machine de M. Erskine qui permet de charger 50 ou 100 cartouches à la fois.

La première chose à voir, c'est la longueur des cartouches ; elles ne doivent pas, une fois déchargées, dépasser la chambre de l'extrémité antérieure du canon, sans quoi elles seront très-difficiles à retirer, et le fusil repoussera ; si elles sont trop courtes, le coup s'en ressentira, surtout à balle.

La poudre à gros grain, la bourre épaisse et

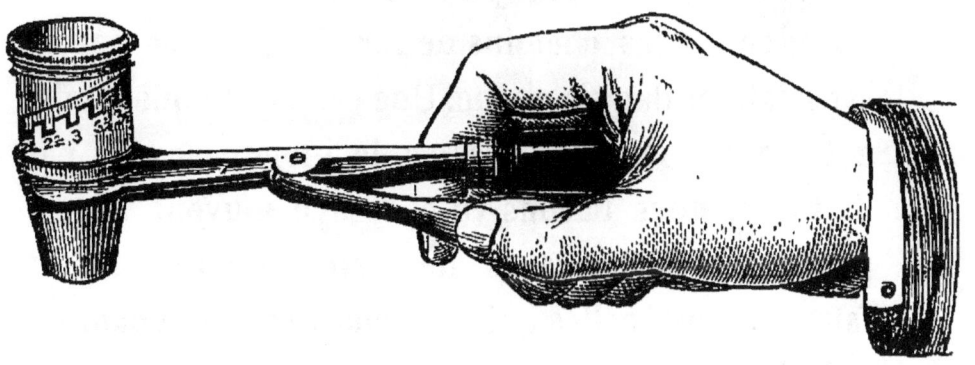

dense, du moins sur la poudre ; celle du plomb peut être aussi mince que l'on voudra. On place la poudre dans un bol et on la prend avec un petit instrument qui se vend chez Bartram et Cie Nimrods *work* (*Sheffield*) ; on le remplit de poudre en le réglant au poids voulu, et on place l'extrémité dans la cartouche : on la fait tomber au moyen du ressort ; de cette façon il ne s'en perd pas un grain ; il faut bourrer, mais pas outre mesure.

On met le plomb avec un instrument semblable, et la cartouche doit se trouver remplie à un demi-centimètre près ; on la replie avec un instrument fait exprès, en ayant soin de ne pas tortiller la cartouche. Si vous chargez des cartouches à percussion centrale, ne laissez pas de grains de plomb traîner sur la table, car, en bourrant, si la capsule venait à en rencontrer un, il y aurait explosion.

En général, il n'y a pas de danger, et les cartouches ont même cet avantage énorme que si l'une d'elles fait explosion au milieu d'une masse d'autres, elle ne les fait pas partir ; aussi les laisse-t-on voyager sur les chemins de fer. On peut les porter sans danger dans la poche. Une cartouche qui tombe à terre ne peut pas blesser, le plomb n'ayant pas de force, nous l'avons vu et essayé souvent. Il est préférable de se servir de cartouches récemment faites, excepté celles qui sont chargées de dynamite, qui s'améliorent avec le temps. Il faut toujours les mettre dans un endroit sec. On mélange parfois de la poussière d'os avec le plomb, le tir y gagne.

DEUXIÈME PARTIE

PRATIQUE

CHAPITRE PREMIER

LA CHASSE AUX LAPINS.

La meilleure pratique pour s'exercer à tirer est la chasse aux lapins ; c'est aussi la chasse la plus facile à avoir ; c'est donc pour cela que nous en parlerons d'abord. On chasse le lapin en toute saison ; mais cet animal n'est guère mangeable que jeune, et on ne peut compter sur sa chair que de la fin d'octobre au commencement de mars. On les trouve dans les bois ou dans les terriers. Les premiers se chassent avec des bassets ou avec des petits chiens cokers, et les seconds avec des furets.

Il faut être très-vif pour tirer sous bois, et c'est ce tir rapide qui habitue le jeune chasseur à ne pas être nerveux. Il devra marcher tranquillement en se tenant sur ses gardes, s'il chasse au chien d'arrêt, et s'arrêtera de temps en temps, ce qui fait souvent partir le lapin gîté; dans ce cas, il ne faut pas bouger du tout, et si le lapin quitte sa retraite, il passera à portée. Imitez le badaud qu'on avait mené à la chasse et qui, entendant crier: « Voilà un lièvre qui vient! » s'écria : « Eh bien, laissez-le venir ; qui est-ce qui a peur ici ? »

On doit toujours chercher à passer dans les endroits clairs pour pouvoir tirer plus facilement. L'œil doit être dirigé vers la tête du lapin, comme si là était tout le corps de l'animal, et le fusil fera son devoir; jamais en agissant ainsi on ne tirera derrière. Le lapin a la vie très-dure, et s'il n'est pas frappé en tête il fera son possible pour se traîner au terrier. Il est aussi très-important de chasser avec bon vent. On ne peut guère tuer un lapin sous bois à plus de 25 mètres. Les plombs 5 et 6 sont les meilleurs.

Le furetage est très-émouvant, et quand il fait beau temps, c'est un sport très-intéressant. Le mieux est d'avoir un temps calme et du soleil ; ce sport exige de la patience, de la tranquillité et de la vivacité. Souvent un groupe de chasseurs autour d'un terrier font un tableau de Landseer. — Le calme du garde qui écoute dans une attitude pittoresque, la position de chaque tireur, plein d'ardeur et d'anxiété, la figure intelligente du retriever qui a l'air de dire: Je connais le gibier que vous attendez aussi bien que vous, et le terrain creusé et inégal sur lequel la scène se passe, forment un ensemble digne d'un artiste. Il est rare que les lapins sortent au moment où on met le furet au terrier; s'ils le font, il n'y a pas beaucoup de temps laissé à la réflexion; et il faut tuer roide, sans quoi le lapin, qui porte très-bien le plomb, disparaîtra dans une autre gueule. Il faut lancer son fusil bien en avant et tirer aussitôt, même si on n'a pas visé du tout, car il y a peu de chance de revoir le lapin. Un bon tireur au jugé les tuera même sans les voir. Quand un lapin sort du trou, il est souvent suivi par un autre. On se sert de plomb n° 6. Le chasseur doit faire attention à trois choses : Se tenir tranquille, ne pas se placer devant une des gueules du terrier et ne pas tirer le lapin avant qu'il soit franchement sorti du trou, sans quoi il risquerait fort de tuer plus qu'il ne veut le furet lui-même. Si le furet « reste », c'est très-ennuyeux de l'attendre. Quelquefois, on le fouille; cet ouvrage est indigne d'un sportsman, et il doit se servir d'un autre furet ou chasser devant lui. On est souvent obligé de museler les furets; mais si l'on a un furet petit, léger et trop faible pour tenir un lapin, cela vaut encore mieux; la meilleure manière de faire venir un furet est d'ouvrir un lapin fraîchement tué et de présenter les entrailles à l'orifice du trou; l'odeur l'attirera;

si on ne réussit pas, il faut employer la bêche quand le terrain le permet ; on a aussi réussi en envoyant de la fumée de tabac dans le terrier. Beaucoup de chasseurs ne peuvent pas toucher ce petit animal répugnant ; il a une apparence de serpent qui justifie pleinement cette répulsion. Il ne faut jamais les laisser dans la main des enfants, car ils savent fort bien où se trouve l'artère jugulaire, et il n'y a pas à s'y fier. On peut toujours saisir un furet sans danger par la queue ou le cou entre deux doigts sans y mettre de force ; il est important de savoir les saisir soi-même, car le garde ne peut pas toujours être à l'endroit où il sort.

Les furets étant originaires des climats chauds sont très-délicats, et on dit que si on touche aux petits, la mère les tue. Rarement on les tient aussi proprement qu'ils devraient l'être ; ils doivent être dans un endroit abrité et chaud, mais à même de prendre l'air s'ils le veulent. Un gentleman qui a beaucoup d'expérience dans ces matières nous a dit qu'il avait trouvé que la viande de chat était un remède à beaucoup de maladies du furet.

Un des coups de fusil les plus extraordinaires que nous ayons vus, et Dieu sait si nous en avons vus, est arrivé chez feu sir James Boswell. Un des chasseurs tira un lapin qui sortait d'un trou placé en pente sous une prairie ; la gueule était à angle droit avec la direction du plomb et était invisible de la place du tireur. Le furet, d'une grande valeur, ne sortait pas ; le garde mit le bras dans le terrier et en retira l'animal mort : un grain de plomb l'avait atteint au cœur. Dans ce cas-là un grain de plomb avait frappé une pierre ou un caillou quelconque dans l'herbe, et avait changé sa direction à angle droit. Cette anecdote authentique devrait ouvrir les yeux à la jurisprudence criminelle, où il est souvent impossible de faire concorder l'évidence d'une mort causée par la décharge d'une arme à feu.

CHAPITRE II

CHASSE AUX LIÈVRES.

La première règle dans cette chasse-là est de tirer dans tous les cas sur les oreilles : toutes les autres règles sont comprises dans celle-là ; nous la développerons. Quand un lièvre court en fuyant devant vous, les oreilles sont le but ; mais s'il traverse des sillons, ne le tirez jamais quand il descend, mais bien quand il remonte sur le sillon, ce qui vous permettra de bien voir ses oreilles. Si un lièvre court droit sur vous, ce sont encore les oreilles qu'il faut regarder, mais c'est le coup le plus difficile de tous ; le mieux est de rester sans bouger jusqu'à ce qu'il soit à 30 mètres, puis, par un léger mouvement ou bruit, vous attirez son attention ; il s'arrêtera et retournera vous donnant un coup facile. Un lièvre en travers peut être tué avec du n° 5 ; à une longue portée, on se sert de plus gros plomb ; mais c'est ennuyeux de charger son fusil de cette façon, à moins que l'on ne cherche à tuer que du lièvre, ce qui est rarement le cas parmi les vrais sportsmen. A 70 mètres, avec du 4 et même du 5, si vous visez juste en tête, vous tuerez ; mais il faut se servir d'une hausse imaginaire, et c'est là qu'on voit combien on se trompe en suivant les principes faux, trop souvent prônés, de suivre le canon du fusil avec l'œil. Plus la distance est longue, plus il faut d'élévation. Un fusil à balle est réglé avec une hausse pour cela, mais dans un fusil de chasse il n'y en a pas. En suivant la loi de perspective, en regardant votre lièvre à 70 mètres, machinalement vous mettez le canon de votre fusil en face, et la culasse se trouvera plus basse que s'il était à 40 mètres ; si, au contraire, vous ne tirez qu'avec un œil, vous tirez toujours avec la même élévation à toute portée, puisque votre fusil n'en possède qu'une. C'est parce qu'on n'a pas saisi ce fait qu'il y a tant de discussions sur la portée des fusils de chasse. Il est aussi absurde de tirer à 70 mètres avec la côte du canon comme guide, que de tirer avec un fusil de guerre à 200 mètres avec la hausse de 100 mètres.

Depuis quarante-cinq ans on a beaucoup augmenté la force des fusils à supporter de grosses charges de poudre. La forme du canon a été changée et le calibre agrandi. Ezekiel Baker écrivait, il y a cinquante ans, que les fusils de 34 devaient porter 2 gram. 30 c. de poudre et environ 2 gram. 60 de plomb. A première vue, un fusil ainsi chargé doit avoir une grande portée; mais aujourd'hui 2 gram. de poudre sont considérés comme une faible charge. La question est de savoir si dans ces conditions-là un fusil n'écartera pas démesurément. Le colonel Hawker prétend qu'à 50 mètres il y a trois à parier contre un que l'oiseau sera tué; ou, avec les perfectionnements modernes, il n'y a pas de doute que ce que le colonel disait de 50 mètres peut se dire aujourd'hui de 70; mais il faut une hausse. On a discuté le point de savoir si un fusil de 3 kilog. 750 gram. peut tuer régulièrement un lièvre passant en travers à 70 ou 75 mètres avec du plomb n° 5 ou 6. — Certainement il le devrait. L'œil sera sans doute moins sûr à 70 qu'à 40 mètres; quant à ce qui regarde la vitesse avec laquelle le gibier passe, et ensuite à cause des obstacles naturels qui peuvent se rencontrer dans l'intervalle, la quantité de grains de plomb pouvant occasionner la mort sera évidemment moindre à une longue portée qu'à une courte, mais là n'est pas la question. Quelle est la puissance du fusil si le coup est visé comme il faut? On ne peut prouver tout ceci qu'à la cible, en prenant des moyennes de la vitesse et du rapprochement des grains.

Nous prétendons que l'on peut y arriver, et que si on manque si souvent à longue portée, c'est parce qu'on oublie d'élever son fusil; en un mot, on s'est beaucoup occupé d'augmenter la portée des fusils de chasse, et on a très-peu fait pour leur permettre d'y atteindre en ne s'occupant pas de leur élévation, de la hausse, ce qui les rend incapables de profiter de cette augmentation considérable de portée. L'enflure des canons à la culasse à été très-utile; mais tant que l'on voudra suivre le système de fermer un œil, cela ne servira qu'à envoyer quelques grains de plomb de l'extérieur et non du centre de la cartouche. La force de projection est très-différente entre les grains de plomb du tour et ceux du milieu de la charge. Peu de personnes le savent; il faut avoir comme nous eu à lutter contre les millions de détails qui se présentent chaque jour dans la construction des armes pour le savoir : c'est ce qui fait que certains fusils tirent mal sans qu'on sache pourquoi. Plus l'objet est éloigné, plus il est difficile de le suivre avec les yeux, ou, si l'on ferme l'œil gauche et qu'on veuille suivre l'animal avec le point de mire, on risque fort de le perdre du vue complétement; la vraie manière est de bien envoyer son fusil à l'épaule. La position de la crosse placera le canon droit en face de la figure; la tête droite et les yeux fixés sur l'objet, on suivra ses mouvements, et instinctivement on tirera en avant si l'animal passe en travers; au-dessus s'il s'en va. Les grains de la charge entière ont alors le temps d'arriver malgré le mouvement du gibier.

Quand il ne s'agit que de faibles portées, 40 mètres par exemple, les grains même du dehors abattent une pièce.

On prétend trop souvent ceci : si un fusil tire bien à 70 mètres, il mettra en pièces le gibier à 30, et comment peut-il tirer justement avec la même élévation dans les deux cas? Nous avons déjà expliqué que plus un objet est éloigné, le canon fixé dessus, plus cet objet paraitra haut en perspective, de même qu'un plan plus éloigné semblera plus haut sur la toile d'un tableau.

Les deux yeux ouverts, vous regardez l'objet que vous voulez viser, en suivant une ligne imaginaire, d'autant plus haute à la culasse qu'il est plus loin, et vous tirez comme vous le faites avec un fusil de guerre qui est pourvu d'une hausse. C'est une hausse factice qu'il faut se créer. Les grains de plomb du centre d'une charge dans un fusil à âme lisse sont ce qu'est la balle à un fusil rayé, et c'est d'après leur direction et leur force, et non d'après celle des grains de plomb de côté, qu'il faut juger de la portée d'une arme.

Quant à couper le gibier en morceaux avec un fusil qui tire bien, il n'en est rien ; le fait est qu'unb on fusil dispose si régulièrement sa charge, qu'à 30 mètres il n'abîmera aucun gibier. C'est avec vos fusils qui serrent le coup, faits pour tromper quand on tire sur une cible, que vous détruisez tout à petite portée. C'est un grand malheur que les sportsmen veuillent juger d'un fusil d'après la manière dont il serre le coup; le fusil qui accomplit le mieux cet effet est peut-être très-mauvais pour la chasse en général. Il est vrai qu'un armurier est obligé de se servir de la cible pour régler ses fusils; mais, s'il connaît son affaire à fond, il ne sera pas esclave des résultats obtenus et ne s'en tiendra pas au nombre plus ou moins considérable de grains de plomb qu'il comptera sur le carton. C'est une erreur de croire qu'un fusil qui tue à 70 mètres doit tirer serré. Une bonne arme décharge son plomb régulièrement, ni trop large, ni trop serré. Et ce qu'il y a à remarquer, c'est que quand même il y aurait des grains de plomb de côté qui s'écarteraient du centre de la charge, il en resterait un nombre suffisant au milieu pour atteindre le gibier à une grande portée, en faisant la part de la distance à parcourir. Placez-vous près d'une cible et notez la différence de temps que mettra le petit plomb à parcourir 40 ou 80 mètres, et vous verrez qu'un lièvre ou un oiseau qui court a parfaitement le temps d'échapper, à moins que le fusil ne tire en avant. On ne peut arriver à ce résultat qu'en ouvrant les deux yeux : le doigt pressera la détente au moment voulu. Ce qui n'est pas nécessaire à de faibles portées, c'est l'élévation à donner jusqu'à 40 mètres ; l'épaisseur du canon et de la côte est suffisante ; de plus, à cette distance, les grains de plomb, tous forts, portent assez, et écartent ainsi de façon à compenser la perte de vue de l'objet qui arrive toujours quand on ferme un œil. Le chasseur entêté sur cette vieille habitude ne tire instinctivement qu'à une quarantaine de mètres (si par hasard il lui arrive de tirer plus loin, il tire derrière), et qui plus est il arrive à nier absolument la possibilité de la chose, qui cependant double la distance du tir. Peut-être nous sommes-nous répété, mais il n'y a pas de mal à cela, les choses dites deux fois se retiennent mieux. Nous avons accepté en 1856 un pari consistant à tirer des lièvres courant en travers à 70 mètres, mais notre parieur a payé forfait après avoir prétendu la chose impossible, et nous a regardé comme ayant gagné.

Si vous désirez préserver les mâles ou les femelles

de vos lièvres pour une raison ou pour une autre, attendez avant de tirer que le lièvre soit bien étendu, vous pouvez alors facilement distinguer le sexe : le bouquin tient ses oreilles serrées sur sa tête, et la hase laisse ballotter les siennes.

CHAPITRE III

CHASSE AUX GROUSES.

Cette chasse est le sport le plus recherché de tous; c'est la chasse par excellence. La chasse à la bécasse a un certain attrait pour les tireurs vifs et expérimentés, mais rien n'égale dans son ensemble la poursuite du grouse; on est sur des montagnes très-pittoresques, on y respire un air pur et embaumé; les chiens ont de l'espace pour travailler, et leur vaste quête n'est pas le moindre attrait de ce sport. Malheureusement ce n'est qu'en Écosse et dans les îles du Nord que cet oiseau (*Lagopus Scoticus*) se trouve; ce n'est pas par le fait un grouse du tout, mais bien la ptarmigan des Pays-Bas, comme nous avons le lièvre brun de plaine et le lièvre blanc des montagnes. Néanmoins on l'a appelé grouse; le nom lui restera.

La date de l'ouverture est fixée au 12 du mois d'août, et l'importance que joue cette date en Grande-

Bretagne et en Irlande prouve combien ce sport est recherché. Le véritable noyau de la société anglaise se déplace à ce moment-là. Déjà au printemps et en été, un flot de sportsmen se rend en Écosse, en quête d'une chasse à louer; ce flot devient torrent en juillet, et la Chambre elle-même s'en ressent, car toutes les affaires sont primées par le désir de chasser cet oiseau. Dans les villes du Nord, on voit, à l'approche de ce jour appelé *massacre des innocents*, des marchands de chiens en quantité de tous côtés, on vous offre des animaux extraordinaires : la plupart ne sont bons à rien. A entendre ces marchands, leurs chiens sont sans défauts; leur seul, s'ils en ont, c'est leur prix. On leur demande si le chien rapporte à la manière française. — Oui, vous dira le marchand, il rapporte son gibier. Mais il oublie de vous ajouter qu'il le mangera avant.

C'est vers le 10 août que les braconniers commencent leur travail, et toujours vous trouvez des restaurateurs qui ont reçu le jour de l'ouverture, par le premier train, des grouses en quantité.

On a essayé de calculer approximativement la valeur annuelle de la chasse aux grouses, en Écosse. En 1855, on l'estimait à 1,750,000 francs; mais aujourd'hui, en 1880, on peut franchement doubler cette somme et l'estimer à 3,000,000 de francs. Il n'est pas rare de voir des *moors* loués 25,000 francs par an.

Ajoutez à cela la masse d'argent importée par les chasseurs, qu'ils laissent dans le pays en échange des services rendus par les gardes, les pertes causées par les batteurs, etc., etc., et vous arrivrez à des sommes énormes; aussi beaucoup de propriétaires dans ce pays-là louent leur chasse et s'en font un revenu très-agréable.

Supposons un jeune homme qui a loué une chasse, un « *moor* », dans un bon pays, il devra arriver à son poste deux ou trois jours avant le 12 et occuper son temps à parcourir le terrain pour le connaître, voir où sont les sources, s'enquérir des places où les grouses aiment le mieux se tenir, etc. S'il n'a pas encore chassé le grouse, qu'il sache que c'est un des exercices les plus violents auquel on puisse se livrer, et si la rage de la chasse, depuis la pêche au goujon jusqu'à la poursuite de l'éléphant, n'était pas aussi ancrée dans la nature humaine, peu d'hommes seraient assez robustes pour oser l'entreprendre.

L'exercice est violent et la chaleur refléchie par les bruyères est quelque chose de tropical. Aussi recommandons-nous de s'entraîner un peu, petit à petit, et d'être absolument sobre, si l'on veut chasser du matin au soir.

Le matin du grand jour, il faut déjeuner à sept heures, se reposer une bonne heure, se mettre en chasse vers les neuf heures seulement; on chassera jusqu'à deux heures, heure à laquelle le grouse mange ; pendant ce temps-là on goûtera avec du biscuit et du thé, et on se mettra de nouveau en chasse jusqu'au soir, avec un vieux chien bien sage ; si le jeune sportsman suit ces conseils, ne s'emporte pas, ne s'excite pas, il est sûr de faire une belle chasse. Rien n'est plus maladroit que de partir quand il y a encore de la rosée, de déranger les oiseaux pendant qu'ils mangent, et de les mettre ainsi sur le qui-vive pour toute la journée, sans compter que si l'on se fatigue dès le matin, on perd la meilleure partie de la journée : l'après-midi.

En chassant, on doit marcher à bon vent, et si l'on peut, rejeter le gibier au centre, dans un fond. Les grouses généralement descendent la colline, quand on les fait lever. Le matin, il faut essayer de les diviser ; et dans l'après-midi, on s'attaque aux oiseaux isolés, qu'il faut chercher avec soin ; car on risque fort de passer à côté. Le nez des chiens est souvent mis à l'épreuve, et on voit des chiens excellents ne pas arrêter à certains jours. Cela se produit entre autres cas quand la bruyère perd ses fleurs, ce que l'on remarque à ce qu'elles s'attachent aux bottes ; ces jours-là, les chiens en ont plein le nez, et il faut renoncer à leur concours.

Si vous vous apercevez que vous manquez plusieurs oiseaux de suite, reposez-vous : c'est le fait d'avoir gravi la montagne qui vous produit cet effet-là, et beaucoup de bons tireurs se trouvent dans ce cas-là : leurs nerfs sont dérangés ; il est alors inutile d'insister, et une demi-heure de repos est la seule chose à faire. Combien de fois entend-on dire : Je n'avais rien tué avant le lunch, et maintenant je ne manque plus. Le vol du grouse est si simple qu'il n'y a pas de conseil particulier à donner pour le tirer. Il est inutile de dire qu'on ne doit viser qu'un oiseau à la fois, et il ne faut pas se laisser tenter par une compagnie s'élevant en bloc, car on est sûr de ne rien tuer. En général, c'est un tir facile en primeur ; mais un vieux coq qui passe avec le vent est un des coups de fusil les plus difficiles ; il a une telle façon de se lever et de tourbillonner en l'air, qu'il faut avoir l'œil très-exercé pour suivre ses mouvements ; aussi un chasseur ne doit pas être vexé de manquer un oiseau dans ces conditions-là. Naturellement, on ne doit pas tirer sur les pouillards. Hélas ! le 12 août, l'ambition en fait tomber plus d'un.

Le plomb n° 6 est bien assez gros pour le commencement de la saison ; plus tard, on emploiera le n° 4, car le 6 n'enlèverait que quelques plumes. Il est absurde d'employer du plus gros plomb, qui ne servirait qu'à blesser les oiseaux.

Quand une compagnie de grouses s'enlève tout à coup, le sportsman inexpérimenté se laissera impressionner par le battement des ailes, et tirera à même dans la masse noire. Qu'il se méfie ! il y a beaucoup de chance pour que rien ne tombe. Jamais on ne doit lâcher la détente avant d'avoir vu un oiseau seul et l'avoir couvert. On doit arriver à cela sans s'inquiéter des autres oiseaux ; c'est surtout si l'on veut faire coup double qu'il faut en viser un d'abord. Le garde doit, pendant que vous tirez, voir la remise de la compagnie. Il y en a qui suivent les oiseaux à des distances fabuleuses à l'œil nu : il y a un certain art à cela. Ne perdez pas de vue la ligne de vol, même quand les oiseaux ont disparu, et il est probable, s'ils ne sont pas hors de vue, que vous les apercevrez au moment où ils plieront les ailes.

Quand on connaît la remise d'une compagnie, il faut y aller ; c'est une règle à la chasse, et le chien comprend parfaitement ce manége. On emploie quelquefois de petits télescopes; mais le chasseur a bien assez à faire sans s'encombrer d'instruments d'optique; il faut se méfier de tous ces objets inutiles recommandés à la quatrième page des journaux comme indispensables.

A mesure que la saison avance, le grouse devient plus sauvage, et il faut l'approcher avec précautions. Il faut traquer avec soin, parce qu'on peut rencontrer des oiseaux légèrement blessés qui tiennent beaucoup; il est bon de profiter des aspérités que vous offre le terrain. — On chasse beaucoup en battue aujourd'hui. La vitesse du vol est telle, qu'il faut tirer au moins un mètre en avant et au moment où l'oiseau est au-dessus ou en ligne avec vous ; car tirer un grouse qui vole vers vous est presque impossible. Le mieux est de tâcher de se dissimuler jusqu'à ce que l'oiseau soit à cinq mètres de vous ; vous relevant alors subitement, il vous aperçoit, ralentit un instant son vol, en s'élevant, et vous le tirez plus aisément ; mais ce sont des conseils qui profiteront peu aux chasseurs qui n'en auraient pas une très-grande habitude [1].

Dans les Pays-Bas, quand une fois les grouses se

---

[1] La battue des grouses depuis quelques années est devenue très à la mode. On a beaucoup discuté là-dessus. Les uns prétendent que c'est une bonne chose, parce que les vieux coqs, qui sont très-méchants, mènent la compagnie, et qu'ainsi en passant seuls en battue, ils peuvent être facilement détruits ; qu'ensuite on diminue le nombre des grouses, et par suite le danger de maladies épidémiques. D'autres s'élèvent contre, et trouvent que c'est un sport pour les gens efféminés et qu'on détruit trop de gibier. Pour ne pas être fatigant, c'est faux : car il faut beaucoup marcher et se mouvoir rapidement ; quant à la quantité que l'on détruit, il n'y a pas de danger d'anéantir la race, car le grouse devient plus malin et plus sauvage quand on le tracasse, et il en échappe bien assez ; nous savons que dans certains cas on en a tué des quantités considérables cependant. Ainsi, M. Frédéric Milbank en quelques jours en a tué chez lui 1,500 kilos. On ne les comptait même plus. Mais ce sont des exceptions, et le fusil aura beau faire, il en tuera cent là où la maladie en détruira un million.

sont mis en bandes, plusieurs compagnies réunies, il y a peu d'espoir d'en tuer. La chasse ferme le 10 décembre. En tout cas, si l'on essaye, il faut aller en tapinois et ne pas emmener de chiens avec soi. Souvent on s'amuse beaucoup ainsi ; tout est relatif, et on a quelquefois plus de plaisir à tuer cinq ou six oiseaux à cette époque-là, que cinquante ou cent en primeur.

Comme exemple du peu de certitude qu'on a dans ce sens, nous citerons une chasse que nous avons faite le 3 novembre 1857. Ayant cherché toute la matinée à tuer des coqs de bruyère, nous prîmes la plaine vers une heure, n'espérant pas rencontrer de grouses à portée ; il pleuvait depuis huit jours ; cependant quel ne fut pas notre étonnement de les voir tenir sous le nez du chien comme en août ! Nous les tuâmes à chaque coup. Le soir, il se mit à geler.

Quand votre chien est en arrêt sur une compagnie de grouses ou de perdreaux, tâchez de les tourner et de marcher contre votre chien, les oiseaux qui sont sur le qui-vive du côté du chien voleront plus irrégulièrement, c'est vrai, mais se sépareront plus facilement.

On reconnaît un jeune grouse d'un vieux, comme un perdreau ou tout autre oiseau à bec dur, en les suspendant par la partie inférieure du bec : s'il cède, ils sont jeunes.

Quand on tue un oiseau par la chaleur, il ne faut jamais l'entasser dans un carnier avant qu'il soit refroidi.

Pour les faire voyager, on les emballe avec du café, qui sert comme désinfectant.

CHAPITRE IV

CHASSE AUX COQS DE BRUYÈRE.

On chasse également le coq de bruyère en Écosse. Cet oiseau y est devenu extrêmement rare aujourd'hui, et il ne faut pas songer à le tuer au chien d'arrêt; le matin et le soir on peut se mettre à l'affût et le tireur posé, ce qui est un triste sport au fond. D'autres le chassent en faisant des battues, car ces oiseaux, ou bien tiendront très-ferme dans les buissons épais, ou piéteront à l'extrémité et s'envoleront avant qu'on soit arrivé. Un seul homme avec un bon chien bien sage suffit; marchez toujours en avance du batteur, et si le chien tombe en arrêt, faites poser l'homme derrière pour faire partir le coq de votre côté; méfiez-vous de vous placer sous des branches. Tirez dès que vous en aurez l'occasion, car on voit ces oiseaux quelquefois pendant quelques minutes, puis pendant des heures on n'en trouve plus. Ils se rassemblent et s'envolent sans bruit, le cou tendu comme des canards, et ne reparaissent plus. Généralement, si l'on est en avant et qu'il y ait des coqs dans un bois, on est à peu près sûr de les tuer à balle. On ne distingue le mâle de la femelle que quand il porte des plumes blanches à la queue ; car pendant plusieurs mois les jeunes coqs ressemblent beaucoup aux poules. Quant aux vieux coqs, on les reconnaît facilement à leur grosseur et à leur magnifique plumage ; ils pèsent quatre livres en moyenne.

On chasse aussi le coq de bruyère à la surprise. Il est très-connu dans les Highlands de voir un grouse se percher sur un arbre ou poteau d'où il puisse distinguer beaucoup de pays autour de lui ; il reste là sans mouvement pendant des heures ; souvent aussi il se perche sur une pointe de rocher inaccessible, et là il chante d'un air triomphant. Le coq de bruyère se place plus près d'un bois ou d'un endroit inégal qui permet au chasseur de l'aborder plus facilement, à condition qu'il prenne toutes les précautions voulues et qu'il ne fasse pas de faux mouvements.

Rien n'est excitant et amusant comme cette chasse appelée en anglais : « stalking. » Quand on s'est assuré qu'un oiseau est perché d'une façon certaine et pour y rester longtemps, la première chose à faire est de bien prendre la direction sur le terrain placé au-dessous de l'oiseau; on se trace une ligne à l'œil qui doit aboutir juste au-dessous de l'oiseau; il faut remarquer les ruisseaux ou inégalités de terrain ou buissons à traverser; si par hasard il y a un chemin qui mènerait par en haut, il ne faut le choisir que s'il présente des avantages au moins doubles; car si le cerf regarde toujours au-dessous de lui, le coq de bruyère regarde toujours en haut, et en s'envolant il descend.

Une fois cette route tracée dans son esprit, le chasseur (qui doit avoir un fusil express serrant le coup ou un bon fusil chargé à deux coups avec du 4) s'écarte tout à fait de l'endroit où il est, car il est plus que probable que le coq l'a vu, mais qu'étant trop loin il ne s'en est pas inquiété. Revenant alors le plus vite possible en se cachant, il suit le chemin qu'il s'est tracé en imagination, et, arrivé au point qui se trouve au-dessous de l'oiseau, il commence à grimper. Beaucoup de monde se perdent dans les bois et même en plaine, avec une facilité qui étonne ceux qui, au contraire, ont, au dire des phrénologistes, la bosse des localités [1].

[1] L'auteur encore jeune fit une longue excursion dans les montagnes avec un ami qui était sûr de se perdre partout où il fallait choisir son chemin. Non-seulement il était sûr de se perdre, mais il ne voulait pas admettre qu'il se trompait quand on le lui disait, tant qu'il ne se retrouvait point là même d'où il était parti (ce qui est assez fréquent). — Un

Mais le chasseur assez heureux pour être pourvu de cette bosse précieuse arrivera à la place qu'il avait visée ; en tout cas, il doit toujours faire les détours dans les lignes basses et en dehors de la vue de l'oiseau, en ayant soin de ne pas agiter les branches dont le haut est en vue.

Il s'arrêtera de temps en temps pour reconnaître, et quand il sera sûr de son chemin il regardera où est au juste le coq et armera son fusil sans faire cliqueter le chien ; puis, l'œil sur l'oiseau, il s'approchera le plus possible, son fusil prêt ; s'il n'arrive pas à un bon endroit, qu'il redescende quelques pas sans quitter l'animal de vue et qu'il remonte ensuite. Une fois bien placé, il contemplera cet oiseau incomparable qui, la plupart du temps, aura conscience de la présence du danger, mais ne saura pas au juste où aller. Alors il visera tranquillement, et le coq à queue en forme de lyre tombera sous son coup avant d'avoir pu entendre le bruit de l'arme qui l'a frappé. Quant au sportsman, il a accompli un fait de chasse dont il conservera un meilleur

---

autre jour, l'auteur a perdu son excellente journée de chasse à cause de son porte-carnier qu'il avait envoyé chercher des chiens frais et qui se perdit en revenant, quoique jamais il ne soit allé hors de vue. Il a été impossible de faire comprendre quoi que ce soit, en fait d'orientation, à cet homme, même en plusieurs années ; sur une carte il ne comprenait pas !

souvenir que de tous les massacres qu'il a pu faire dans des faisanderies.

L'hiver, on tue souvent les coqs perchés sur des arbres près des chaumes ou des champs de navets; ce n'est plus du sport. Nous avons vu un jour un coup remarquable : chassant avec un de mes amis le long de la rivière Loch-Chon, dans le Perthshire, nous avons aperçu deux coqs de bruyère perchés sur le sommet d'un arbre situé dans une île environ à 1,200 mètres de nous.

Mon ami avait un fusil à un coup chargé à balle, et nous avions un fusil ordinaire à deux coups. Une embarcation fut détachée du bord, et nous filâmes sous le vent vers l'île. L'attente était cruelle et poignante d'intérêt, car on ne réussit ces sortes de surprises que bien rarement. Néanmoins, notre compagnon, plein de sang-froid, attendit, sans perdre l'oiseau de vue, que ce dernier s'envolât, puis épaulant et avec les deux yeux ouverts, il lui envoya sa balle dans le corps. Nous tuâmes aussi le nôtre; mais ceci, à part la distance et le mouvement du bateau, ne présentait rien de particulier. C'était un coup de fusil très-extraordinaire.

La mode de chasser le coq par ce moyen est peu répandue, nous le regrettons. — Nous recommandons aux acclimateurs d'oiseaux cette espèce qui est très-intéressante à avoir.

Les poules sont grises et marquées de brun et de gris, très-différentes du mâle adulte; elles se rapprochent des poules domestiques comme habitudes, pondent dans les prairies près des cours d'eau et cachent leurs nids. On prétend que les coqs polygames détruisent les œufs, ceci est douteux; mais ce qui est certain, ce sont les combats qu'ils se livrent avant leur mue, époque à laquelle ils se retirent dans les fourrés et s'y blottissent. Il n'est pas facile d'assister à ces luttes, très-intéressantes pour les naturalistes, qui se passent à la brune et dans des endroits retirés. M. Darwin nous a un jour demandé de lui raconter ces combats. A la fin d'avril, les coqs de bruyère s'assemblent au crépuscule dans un endroit où le terrain est plat; les poules se placent en masse autour sur les hauteurs. Un coq, gonflé d'orgueil et brûlant d'ardeur, entre dans l'arène; un rival s'avance contre lui. Un combat s'engage. L'oiseau vaincu se retire tout déconfit, et le vainqueur se pavane de plus en plus, il fait la roue tout autour de l'emplacement. Les gens du pays ajoutent qu'à ce moment-là les poules lui font la révérence les unes après les autres.

Un nouvel aspirant entre alors en scène et livre un nouveau combat, et ainsi de suite jusqu'à ce qu'un coq ait été positivement vainqueur et le souverain du jour. « Les braves seuls ont droit aux belles. » Les coqs de bruyère sont peu sujets aux épidémies ; la cause n'en serait-elle pas justement celle-ci, à savoir, que les oiseaux les plus vigoureux sont les seuls reproducteurs ?

CHAPITRE V

LE COQ DES BOIS (*TETRAO VOGALLUS*).

Depuis que par le système moderne on commence à replanter un peu les Highlands avec des arbres verts comme il y en avait autrefois quand on y trouvait des sangliers et des loups, on a aussi essayé de réimporter un des animaux indigènes alors, le coq des bois ou *capercailzie* : c'est le plus gros coq de l'Europe, et il ressemble un peu au dindon de prairie, non pas au dindon sauvage. Ce dindon, dont les Américains sont si fiers, n'est nullement plus beau que notre coq, qui, espérons-le, sera abondant dans quelques années partout où il y aura des bois en Écosse. Jusqu'alors on ne peut compter chasser beaucoup cet oiseau, et nous n'en parlons qu'en passant. Ils pèsent jusqu'à 15 livres ; la femelle est beaucoup plus petite ; le mâle est noir avec des marques verdâtres et grises. La poule pond de seize à dix-huit œufs et a les mêmes habitudes que le coq de bruyère;

CHAPITRE VI

LE PTAMARMIGAN OU GROUSE BLANC.

Le grouse blanc, *Tetrao Lagopus,* habite les rochers qui se trouvent dans les plus grandes hauteurs, au milieu des neiges et des bourrasques.

Il y a un sujet d'intérêt à voir ce petit oiseau affronter la sauvagerie de ces endroits glacés, et se refuser les agréments du séjour dans un climat plus tempéré, ce qu'il pourrait faire en quelques coups d'ailes vers le sud. C'est une des preuves les plus palpables de l'instinct chez les animaux d'ordre inférieur. Naturellement oiseau des contrées arctiques, importé sans doute par hasard, ou, qui sait? par un coup de vent d'orage qui en aurait égaré quelques-uns venus de l'Islande ou de la Norvége, il trouve, en se réfugiant sur les hauteurs, le même climat qu'il aurait sous une latitude différente. Il est démontré aujourd'hui que le Ptarmigan d'Écosse n'est pas le même que le norvégien. Cela prouverait qu'autrefois l'Écosse jouissait d'un climat arctique. Fidèle à sa nature originaire, ni le long séjour ni le nombre de ses générations n'ont changé ses habitudes; il reste le même; enfoui dans les neiges de son pays natal, et abrité de la tempête derrière une roche de granit, il regarde avec mépris la contrée souriante qui s'ouvre à ses pieds et qu'il pourrait atteindre si facilement. Plus petit un peu que le grouse rouge, cet oiseau est d'un gris brun en été, et changeant de plumage à mesure que la saison avance, il arrive à être absolument blanc; il conserve les plumes aux pattes. Les vrais grouses (coq de bruyère et capercailzie) ont des plumes aux pattes, mais pas aux ergots.

Il est impossible de donner des conseils sur la chasse de cet animal; d'abord nous ne l'avons jamais faite, et nous n'en parlerions que par renseignements; du reste, peu de personnes ont réellement chassé le ptarmigan.

Là-haut, dans le désert de la montagne aride,
Rien que des rochers gris sur la pente rapide,
Rien que le dur glacier tout blanc qui resplendit,
Défiant les rayons du soleil de midi;
Pas un pied d'arbrisseau, pas un brin de verdure
Ne résiste aux rigueurs de cette âpre nature.
Nulle trace de pas, nul bruit d'ailes au vent;
Rien qui fasse penser à quelque être vivant.
Et celui qui gravit vers la plus haute cime,
Au milieu du brouillard, sent l'ardeur qui l'anime
Prête à l'abandonner, alors que tout son sang
Bouillonne, et qu'une voix semble dire : « Descends! »
Pourtant, on trouve là la vie; elle se montre
Sous la forme d'un bel oiseau qu'on y rencontre,
Le Ptarmigan. Enfant d'un pays inconnu,
Dans les temps reculés il est, dit-on, venu
Du Groënland, ou bien de ce sombre rivage
Par où du Nord-Ouest on cherche le passage.

Il aime les hauteurs, y reste, et ne voit pas,
Du sort tranquille et sûr qu'on peut trouver plus bas,
Où l'on voit, dans leurs nids, moins voisins des nuages,
Vivre heureux et le grouse et les poules sauvages.
En vain, chaque saison survient et suit son cours,
Rien ne le fait sortir de son triste séjour :
Ni le tiède printemps, dans sa grâce infinie
Couvrant de mille fleurs la lande épanouie,
Ni l'été déployant sa gloire aux rayons d'or,
Ni l'automne étalant devant nous ses trésors ;
Le froid hiver lui-même et la rude gelée
Ne lui font pas chercher l'abri de la vallée.
Et l'amour du chez-soi fait de ces âpres lieux,
De ces sommets déserts, ce qu'il aime le mieux.
Oh ! laissons-lui la paix, épargnons-lui la peine ;
Ne le poursuivons pas dans son pauvre domaine,
Admirons cet oiseau, si plaisant et si doux ;
Sachons le respecter, car il vaut mieux que nous !
Content du peu qu'il trouve en ces parages mornes,
D'un air limpide et pur, d'un horizon sans bornes ;
Il semble offrir à l'homme un exemple charmant
De sublimes vertus et de renoncement,
Et lui montrer comment, près du ciel, on allie
Avec la pauvreté le bonheur dans la vie !

CHAPITRE VII

CHASSE AUX PERDREAUX.

La chasse aux perdreaux met en mouvement un nombre de personnes encore plus considérable que celle du grouse. Pour un chasseur de grouses, il y en a cinquante de perdreaux. C'est « *l'oiseau* » par excellence des pays plats. Le 1ᵉʳ septembre est une date qui fait battre le cœur comme le 12 août. Cependant, quoique ce jour soit celui de l'ouverture légale, l'état de la moisson joue un grand rôle. Ceci est spécialement le cas dans le nord de l'Angleterre, où trop souvent l'hiver traînant en longueur dure jusqu'en mai, et où les champs ne sont pas mûrs pour la faux en septembre. Néanmoins, ce jour est un jour de fête, de réunion et d'enthousiasme.

La Perdrix (*Tetrao Perdix*) est répandue dans toute l'Europe ; elle est particulièrement abondante en Angleterre. Il n'y a qu'une seule variété reconnue par les naturalistes, très-différente de la perdrix rouge (*Perdix rufa*), importée en Angleterre : c'est la perdrix de l'Écriture. Cependant, nous avons tué des perdrix qui paraissaient plus petites que la perdrix ordinaire ; elles sont timides et rusées, et courent à pied loin devant les chiens. Nous pensons que c'est une variété différente, qui ne dépend pas du climat seulement. Nous avons depuis souvent parlé de cette petite perdrix à des gens compétents, et il est positif qu'elle existe, quoique très-rare et très-difficile à se procurer. Jackson Gillbanks est de notre avis. Nous sommes, pensons-nous, le premier écrivain moderne qui ait parlé de cet oiseau. Plus légère que la perdrix commune, plus élégante de forme, elle est plus craintive et plus sauvage. Ses pattes sont longues, et sa couleur est rougeâtre. On peut les manœuvrer pendant des heures avant de les tirer, à moins de les remettre dans un bon couvert. Inutile d'aller à leur remise en rase campagne : elles échappent on ne sait comment. C'est en 1845 que nous les vîmes pour la première fois. Nous étions avec un ami, qui les traitait de perdrix rouges et s'agaçait de leur habileté à se soustraire à son fusil. Un garde nous a raconté qu'étant à la chasse, son chien en arrêt sur une compagnie qu'il avait vue se poser, il ne trouva rien à la place ; cherchant alors avec grand soin, il en découvrit une tellement bien blottie qu'il la prit vivante. Il crut que c'était un croisement entre un râle et une perdrix, et la rapporta soigneusement à la maison ; mais son chat, qui avait un faible pour les curiosités de ce genre, s'en régala. Cette variété n'est pas classée par les naturalistes. Si, en tout cas, il est reconnu un jour que c'est positivement une variété distincte, il sera curieux qu'elle ait pu échapper si longtemps à la classification par son adresse à se cacher. Les couvées sont peu nombreuses. Nous ne discuterons pas plus longtemps de l'existence de cet oiseau ; mais nous pouvons dire que tous les renseignements que nous avons eus semblent confirmer notre opinion.

La perdrix, en général, est un oiseau fort, vivant sur les terres cultivées, où elle construit son nid, près des chemins et sentiers, cherchant plutôt protection que retraite. Ils s'accouplent de bonne heure au printemps et sont très-prolifiques ; la poule pond de douze à vingt œufs, ce qui est une bonne proportion pour résister aux ennemis sans nombre qui les attaquent. Le mâle partage les soins d'élever les petits, qui aussitôt au monde courent les champs, entraînant souvent un morceau de coquille après eux : aussi se noient-ils souvent dès leur naissance. Nous avons un jour compté quarante perdreaux noyés dans un ruisseau ; la nuit précédente ayant été pluvieuse, ils avaient tous péri. Nous ne voulons pas faire de l'histoire naturelle, et nous ne disons que ce qu'il importe de connaître pour le sportsman. Le fermier a un aide puissant dans le perdreau pour détruire les vers et les insectes nuisibles. La plupart le reconnaissent, et cela est facile à voir en examinant le gave de ces oiseaux ; cependant on a déclaré que la perdrix était mauvaise pour le grain, ce qui est faux ; car le dégât qu'elle peut causer à une récolte sur pied est insignifiant, comparé aux services qu'elle rend en détruisant les insectes les plus dangereux.

Tant que la récolte est sur pied, les perdreaux s'y réfugient, et si on les trouve en dehors, ils s'y remettent aussitôt qu'on les dérange. Aussi est-il inutile de chasser avant que tout soit coupé ; en outre, il est presque impossible d'empêcher les chiens, surtout les jeunes, de galoper dans les grains et d'y faire beaucoup de tort, ce qu'aucun sportsman ne doit supporter. Le chien par lui-même, et en agitant sa queue, secoue le grain et cause un véritable dégât. Ces procédés souvent font naître des dissentiments entre les fermiers et les chasseurs, et plus tard les cultivateurs se vengent en empêchant de passer dans les pommes de terre ou les betteraves, où par le fait on ne peut causer aucun mal. Nous écrivons ces lignes pour les jeunes gens qui pourraient, par ignorance, commettre ces fautes. On n'a pas souvent traité ces matières-là, tellement elles paraissent simples aux vieux sportsmen; mais nous avons voulu donner des conseils aux jeunes gens. Il est bien préférable de vivre en bonne intelligence, quand on est locataire de chasse, avec les fermiers qui cultivent la terre, et on doit s'y appliquer par tous les moyens possibles.

Les principes de la chasse aux perdreaux sont les mêmes que pour le grouse. Le plomb le meilleur est le n° 6, mais à l'ouverture, avec le nouveau fusil express, on doit tirer avec le n° 7, et en mettre peu; le plomb 5 est très-irrégulier. Ne commencez pas à chasser avant neuf heures du matin et travaillez d'abord vos perdreaux en les rassemblant au centre, divisez autant que faire se pourra.

La perdrix a bien plus peur du fusil que le grouse;

aussi il est utile de tirer deux coups chaque fois qu'on les voit pour les diviser, sans compter que des jeunes s'abattraient tout à coup par peur. On le sait.

Généralement, les perdrix se trouvent dans les champs bien ouverts, et dans les champs de blé ou d'orge. Levées de là elles vont dans un couvert. Il est préférable d'employer les pointers que les setters, et ce sont les vieux chiens fins de nez qui en feront lever le plus. Un chien habitué à cette chasse ira d'abord battre les bords d'une pièce, car l'expérience lui a prouvé que c'est là qu'ils se trouvent. On peut permettre cette liberté quand on est sûr de son chien, sans quoi il faut battre la pièce à bon vent, et il faut tirer d'abord les vieilles perdrix si l'on peut. Les vieux émigrent et entrainent avec eux les jeunes, qui ainsi ne reproduisent pas dans leur contrée. Dans les champs de racines semées au semoir, les oiseaux courent beaucoup ; cependant, à l'extrémité ils s'arrêtent et se laissent tirer assez bien. Il faut tâcher d'éviter que les chiens n'arrêtent à la place où les perdreaux se sont posés quelques instants ; car cela fait perdre du temps : il faut s'écarter à une grande distance, et revenir en marchant vers le chien. Si, à l'extrémité, les perdreaux ne s'envolent pas, il faut crier, et aussitôt on entend leurs ailes.

La chasse en ligne est devenue à la mode. C'est un

sport incontestablement inférieur, car la chasse à tir, comme art et comme récréation, comprend bien plus que l'acte de tirer du gibier ; et le plaisir de *chasser* ou de voir chasser deux bons chiens est au moins équivalent, sinon plus grand, que celui de lâcher la détente ; il faut bien entendre qu'il y ait du gibier. Quand le gibier vous a laissé passer sans se lever et qu'il vous donne à tirer en travers, ne manquez pas de viser en avant, en calculant la distance et la vitesse.

Un perdreau qui tombe dans un champ de luzerne ou de bettraves doit être ramassé aussitôt, car, s'il est démonté, il courra longtemps, et le chien risque de perdre sa trace.

Dans les chaumes mêmes nous avons vu des perdrix démontées se raser tellement bien, qu'on ne pouvait les retrouver ; le chien rencontre la piste des oiseaux qui se sont promenés là avant d'être dérangés, et l'oiseau blessé est perdu. Un bon chien qui retrouve bien est précieux.

Quand il y a beaucoup de perdreaux et que le terrain est étendu, il est bon de placer des hommes en observation sur les hauteurs, d'où ils puissent surveiller le vol des oiseaux.

Les batteurs de perdreaux sont aussi très à l'ordre du jour. Une quantité de batteurs, conduits par un homme à cheval, rabattent les perdreaux vers les tireurs qui sont en ligne : en Angleterre, à vingt-cinq mètres derrière une haie et environ à cinquante mètres les uns des autres. Aucune chasse n'exige plus de rapidité ni d'adresse. On est nerveux par suite de l'attente, puis on est sur le qui-vive à chaque instant, car une foule d'oiseaux voltigent en avant, puis les perdreaux arrivent comme des boulets de canon. Si vous ne les visez pas quand ils viennent, avant qu'ils vous aient passé, vous les manquerez presque sûrement. La perdrix rouge est préférée par certains chasseurs, parce qu'elle conduit les autres, et passe seule en tête; en tout cas, que le jeune chasseur se mette bien dans la tête qu'il doit tirer sur les perdreaux dès qu'il les voit; une fois qu'ils ont passé, ils sont perdus.

Les perdreaux changent souvent de terrain, et après un orage on a beaucoup de peine à les trouver. En 1848, au mois de décembre, il y eut un orage violent. Chez le marquis de Hastings, dans une terre où on pouvait facilement tuer ses quarante perdreaux, nous allâmes chasser et ne trouvâmes pas un seul oiseau, à l'exception d'une compagnie qui s'était réfugiée dans une meule de grains située dans la cour d'une ferme. Se tenaient-ils si cois que le chien ne pouvait les faire lever? ou le vent les avait-il chassés dans les coins reculés? c'est un mystère. Ce qu'il y a de positif, c'est qu'ils avaient disparu, au grand étonnement des meilleurs gardes pourvus d'excellents chiens; ce même jour, les lièvres étaient dans les chaumes et se laissaient marcher dessus. L'air était pur après l'orage, et une bise fraîche soufflait.

Quand il pleut, les perdreaux sont souvent dans les chaumes ou les labourés, de même qu'à l'arrière-saison. Dans les pays de haies on doit faire passer un homme d'un côté, et se tenir de l'autre; l'oiseau est très-difficile à tirer, et s'envole diagonalement et très-vite.

Pendant la chaleur du jour les perdreaux se rapprochent de l'eau et se réchauffent ensuite au soleil pendant plusieurs heures. Ils mangent trois fois par jour : le matin de bonne heure, vers une heure et au crépuscule; il ne faut pas les chasser pendant ce temps-là ni quand ils rappellent. Ils se rassemblent alors pour la nuit et ne doivent pas être dérangés. Ils affectionnent tout particulièrement le champ où ils sont nés; aussi, quand on connaît une pièce qui a eu un nid, il est bon d'y passer plusieurs fois le même jour.

Certains perdreaux au coup de fusil s'élèvent perpendiculairement à une hauteur extraordinaire et semblent avoir perdu la faculté de se diriger; ils retombent ensuite roides morts. Les avis sont partagés sur la cause de ce vol ascensionnel : les uns prétendent que c'est un grain de plomb qui leur a pénétré dans la cervelle, d'autres que c'est dans le foie : nous ne voyons pas de coïncidence directe entre le foie et la direction du vol. Ce mouvement ne proviendrait-il pas d'un coup reçu au cœur? Ce qu'il y a de certain, c'est que la gorge et le gave d'un oiseau qui retombe ainsi sont pleins de sang : jamais nous n'en avons vu sans cela; le vol en montant serait un effort suprême pour faire redescendre le sang. Le sang ainsi répandu intérieurement les aveugle-t-il? Ce qui nous fait faire cette dernière hypothèse, c'est que les corbeaux qu'on aveugle volent aussi perpendiculairement; cette plaisanterie cruelle se pratique en plaçant là où ils viennent manger des cônes ou cartons pointus au centre desquels on met une amorce de viande. — En tout cas, c'est un phénomène curieux de voir des oiseaux s'enlever ainsi. Les bécasses et les bécassines font de même, mais plus rarement.

CHAPITRE VIII

CHASSE AUX FAISANS.

Il y a six siècles que le faisan commun (*Phasianus colchicus*) existe à l'état demi sauvage dans les Iles-Britanniques; c'est un oiseau indigène. Cependant, il a beaucoup de peine à se soutenir seul, surtout l'hiver, et on est obligé de le nourrir quand il y en a une certaine quantité; en somme, les faisans ne sont qu'à demi sauvages. On les trouve dans le voisinage des bois épais, principalement de ceux qui ont des dessous très-fourrés.

De cet état quasi domestique il s'ensuit que là où il y a beaucoup de faisans ils sont élevés par les soins du garde, qui fait couver soit des œufs pondus dans le bois, soit des œufs pondus dans les faisanderies par des poules en parquets. On prétend que si l'on enlève les œufs du nid avec soin un à un, en ayant soin d'y laisser les trois ou quatre premiers, la poule pondra huit ou dix œufs de plus qu'autrement. Ceci est une question; mais si c'est vrai, il est important pour les gardes d'y faire attention, parce qu'ils élèveront ainsi beaucoup plus d'oiseaux. A l'état sauvage, les poules pondent environ de quinze à vingt œufs et seulement de huit à dix en faisanderie. Cependant il y a des exceptions, et on en a vu qui pondaient soixante-dix à quatre-vingts œufs. — Nous avons connu une poule faisane privée qui passait la journée dans les bois et revenait tous les soirs pondre un œuf dans son nid; elle en a apporté comme cela quatre-vingts!

Nous pouvons certifier le fait. Dans les faisanderies il faut empêcher le coq de manger les œufs; et comme il est difficile de toujours surveiller, il faut préparer un nid dans un endroit caché et recouvert de paille; sous cette, paille placez un filet dont la maille sera faite assez grande pour permettre à l'œuf de tomber dans une boite au-dessous remplie de son ou de sciure de bois; le coq ne peut pas atteindre l'œuf, qui tombe sans se casser, et il se trouve sauvé. Cette propension à manger les œufs est générale chez la race gallinacée. Les meilleures couveuses pour faisans sont les poules ordinaires croisées avec les petites poules perdrix. Les bentams sont aussi bonnes; on peut leur donner de huit à neuf œufs. Une fois éclos, les mères et les petits sont placés sous un hangar abrité et avec du gazon coupé court. En 1856, il y a eu dans le Field un article fort approfondi sur l'élevage des faisans; ce serait trop long de le répéter ici. Disons en passant qu'il faut beaucoup de soins et une attention constante; si les jeunes oiseaux ne sont pas soutenus par une nourriture stimulante, ils meurent. Des croûtes de pain trempées dans de l'urine; sont un des remèdes les plus efficaces ce mode de nourriture est peu commun, il est cependant très-bon; les faisans en raffolent. En plus, il faut y ajouter du cresson, des fourmis, de l'avoine concassée et des vers.

Les vers doivent être nettoyés, avant d'être distribués, dans de la sciure de bois ou du sable fin; il faut se garder de les donner sortant de la charogne.

On s'est demandé si le faisan mangeait près de la mer. Incontestablement oui, on en a vu beaucoup d'exemples.

Les faisans que l'on reprend pour les faire pondre doivent être enfermés vers le mois de janvier, pas plus tard; plus on s'y prend de bonne heure, meilleur est le résultat. Le système d'élever le faisan en domesticité et la difficulté, à cause des saisons humides, et de bien d'autres causes, a créé tout un commerce d'œufs et de faisans vivants. Les sportsmen blâment ces transactions, *tout en achetant eux-mêmes*. Les œufs pondus en parquet sont souvent insuffisants, et les braconniers sont tentés par la certitude d'une vente de dénicher les nids sauvages.

On place dans chaque parquet un coq pour quatre poules; peut-être est-il préférable de ne pas enfermer de mâles du tout, mais d'avoir la faisanderie à proximité des bois, avec le dessus découvert, laissant ainsi libre accès aux coqs sauvages. Dans ce cas-là, on coupe les ailes des poules. Les poules d'un an seulement sont presque toutes stériles, le coq doit avoir deux ans. Le faisan à collier blanc est le plus beau, mais se reproduit mal. Le coq faisan se croise volontiers avec les poules de basse-cour, et l'on dit que cet hybride n'est pas stérile et que la descendance retourne au type faisan et est très-féconde. Nous ne classerons pas comme gibier le faisan argenté et doré ; on en voit aussi de chamois. Les faisans bariolés doivent être détruits, car c'est une maladie de la peau qui dérive d'une constitution faible et maladive.

Pour la chasse aux faisans on emploie deux variétés de chiens dont nous n'avons pas encore parlé : le *cocker* ou *l'épagneul,* et le *retriever ;* on peut aussi les employer dans d'autres chasses, le *retriever* surtout, qu'on n'apprécie pas assez, mais en plus du chien d'arrêt bien entendu, non pas à la place du pointer ou du setter. J'entends par retriever un chien quelconque qui *retrouve* et rapporte le gibier tué. On dresse souvent les chiens d'arrêt au rapport en France, ce qui est une faute. Un bon retriever doit être un chien fort, patient, sûr, docile, et ne quittant jamais vos talons que si vous le lui dites. On obtient de très-bons retrievers en croisant des épagneuls irlandais avec des terre-neuve ; il leur faut beaucoup de nez, de la force, du calme et aller facilement à l'eau. Sa bouche doit être tendre, c'est-à-dire qu'il ne doit pas abîmer le gibier. Une lice setter bien douce et d'un bon caractère, croisée avec un terre-neuve, fait un très-bon retriever. Les bonnes qualités comme les mauvaises sont héréditaires chez les chiens ; aussi il n'y a rien de tel que de connaître les parents, sans s'inquiéter de leur race. Il n'en est pas de même pour les pointers et les setters, qui ont à accomplir un travail défini et résultant de leur instinct en dehors de leur sagacité générale. On ne peut guère compter sur un retriever avant l'âge de deux ans; ils coûtent fort cher quand ils sont parfaits : ce sont, en effet, des chiens indispensables au chasseur et qui ne sont pas moitié assez estimés. Un retriever sauve du temps, procure du gibier et évite bien des piéges à tendre, car en ramassant le gibier blessé il retire une nourriture facile à toutes les bêtes puantes.

Les épagneuls, « spinger », « cockers », sont des variétés différentes peut-être de la même source; ils ressemblent en petit à des setters. Les deux espèces les plus recherchées sont l'épagneul « clumber » blanc et orange, et le « sussex », très-rare aujourd'hui, blanc et marron; tous deux sont trapus et solides. Leur mission est d'être muets, de fouiller partout, et de faire sortir le gibier sans le poursuivre; si on peut même le dresser à se coucher au coup de fusil, c'est mieux encore; on les emploie sous bois pour toute espèce de chasse; on se sert aussi de petits bull-terriers, qui sont parfois excellents.

La chasse au faisan ouvre le 1er octobre. Encore est-il rare que le bois soit assez clair à cette époque-là pour qu'on puisse le chasser, et les oiseaux que l'on tue en cette saison sont généralement trouvés dans les champs de navets ou de betteraves. Beaucoup de sportsmen considèrent le faisan comme le plus facile à tuer de tous les oiseaux, à cause de sa grosseur et de son vol lourd; cependant, ceci est à peine vrai; le faisan s'enlève doucement, mais il continue à voler ainsi jusqu'à une très-grande hauteur en élargissant sa queue; on finit par ne plus savoir exactement où est son corps, et on tire trop bas. Un faisan qui s'élève perpendiculairement en *rocketer,* ce que nous appelons le coup du roi, est très-difficile à tuer, et avec une crosse trop courbée c'est presque impossible. Le grouse et la perdrix s'élèvent d'abord, puis volent horizontalement, mais le faisan monte toujours; aussi, comme il faut le toucher en tête, tous les plombs sont bons. Quand ils tombent diagonalement, il est très-difficile de dire s'ils sont tués roide ou non. Aussi, comme un faisan démonté peut courir sous bois plus vite qu'un homme, il ne faut pas perdre de temps pour envoyer un chien après lui. Si on cherche un faisan tombé dans un champ avoisinant un bois, il faut toujours, malgré le vent, battre le champ à partir du bois, sans quoi le faisan courra au couvert sans être vu. Il n'est pas prudent de faire travailler un jeune chien d'arrêt sur un faisan blessé, cela peut le gâter.

Les battues se font, comme l'on sait, en faisant passer un certain nombre d'hommes armés de bâtons à travers bois, qui se dirigent sur des routes transversales naturelles ou faites à dessein. En Angleterre, on se place beaucoup plus en retour qu'en France. A chaque coup tiré, les batteurs doivent marquer un temps d'arrêt ; il est à remarquer qu'il ne faut jamais quitter sa place avant que la battue soit absolument terminée ; le faisan principalement se réfugie dans le dernier buisson, où il reste jusqu'à ce qu'on l'en chasse de force ; le faisan a horreur de voler, en général. Chaque touffe, chaque buisson doit être l'objet de l'attention du batteur, car le gibier se réfugie dans un bien petit espace. Nous avons souvent vu, dans des bois que l'on considérait comme sans gibier après une battue bien forte, sortir tout à coup à la fin un vrai bouquet de faisans inattendus.

On ne tire, en règle générale, que les coqs faisans ; et il y a des endroits où le chasseur coupable est condamné à une amende qui est donnée au garde ou qui sert à faire un dîner à la fin de la chasse. Il faut une juste modération, car si l'on arrivait à avoir trop de poules, le résultat désastreux, à savoir, la diminution du gibier, serait le même. Si l'on tue toujours les coqs, il y en a peu qui vieilliront assez pour arriver au point où il les faut pour produire des oiseaux sains et bien portants. D'un autre côté, si l'on épargne les poules, non-seulement elles seront dans une proportion anormale avec les coqs, mais les vieilles battront les jeunes de deux ou trois ans. Il y a un fait avéré, c'est que plus on donne de poules à un coq, moins il produit de coqs. Il faut détruire les trop vieilles poules. On les reconnait à leur plumage foncé. Les poules s'enlèvent doucement comparativement au coq, qui frappe l'air de ses ailes avec bruit. Les oiseaux les plus féconds sont ceux de deux et trois ans.

Les premiers œufs d'une poule faisane sont clairs; elle les pond de droite et de gauche dans le bois. On ramasse ces œufs et on les vend, c'est ce qui explique pourquoi, quand on achète des œufs, ils sont si souvent mauvais.

Quand on veut agréner les faisans et empêcher les autres oiseaux d'en profiter, il y a plusieurs moyens, parmi lesquels la régularité du repas est le meilleur; ils s'y accoutument très-vite. Tous les faisans doivent trouver un abri sous le bois; la meilleure plante est le rhododendron. Le faisan est utile à la culture comme la perdrix, en détruisant les vers et autres insectes. On a retiré une fois un demi-litre de la gave d'un faisan! Leur nourriture favorite est le sarrasin et le raisin. La chasse aux faisans ferme le 1er février en général.

CHAPITRE IX

CHASSE A LA BÉCASSE (*SCOLOPAX RUSTICOLA*).

La bécasse est un oiseau de passage et se trouve répandue sur toute la surface du nord de l'Europe, avec des différences légères dans le plumage.

Elles sont bien connues avec leur bec long et effilé comme celui des bécassines ; elles tiennent de la même famille, mais en sont le spécimen le plus grand. En Angleterre, on les nomme *voodoock*, parce qu'elles préfèrent les bois (voods) et les endroits fourrés aux plaines.

Elles habitent généralement en Norvége, mais il y en a qui naissent dans nos pays, et leur nombre semble augmenter. Elles arrivent du continent par un vent d'est vers la fin d'octobre ; on les trouve alors en grand nombre sur les côtes, en Irlande surtout ; elles sont maigres et faibles, et faciles à tuer.

Dans l'ouest de l'Écosse, on les trouve sur les bruyères ; mais à mesure que la saison s'avance, elles vont dans les bois et deviennent solitaires. Pendant que le soleil luit, elles s'abritent sous les touffes de bruyères ou dans les fourrés épais. Elles sont à moitié oiseaux de nuit dans leurs habitudes. Si le jour est clair, on les trouve dans l'obscurité relative des buissons de houx. La meilleure chasse à la bécasse est en Irlande. Aucun oiseau n'est plus irrégulier dans ses habitudes : un jour, elle vole doucement et se repose à quelques pas ; un autre jour elle s'en ira fort loin pour chercher un abri. Cette incertitude continuelle et cette habitude d'être isolée donnent un grand attrait à sa poursuite, et une bécasse couronne à merveille un jour de chasse, sans parler de l'excellence de sa chair comme mets. La première bécasse que l'on tue sur un « moor » est un événement. Pour donner une idée de l'incertitude de cette chasse, nous citerons un sportsman, un premier fusil, qui, dans une seule saison, avait tué dans les îles Hébrides 398 bécasses. Il voulait arriver à 400, et il continua à chasser avec patience pendant quinze jours sans en voir une seule ; il fut obligé de s'en tenir à ce nombre, très-beau déjà, mais manquant de rondeur ! Au moment où le printemps approche et pendant les gelées, elles se rapprochent des côtes, et on s'attache à les tuer quand la chasse aux autres gibiers est fermée. On les prend quelquefois dans des collets en crin, et ce n'est nullement défendu ; du reste, on la chasse, comme le gibier de bois, avec des chiens. Le seul conseil à donner est de tirer quelque près qu'elle soit, la petite taille de l'oiseau empêche le plomb de l'abîmer ; néanmoins il faut risquer des coups de longueur, car un rien les tue, et même nous croyons qu'elles tombent souvent de peur. Nous avons souvent vu des bécasses tomber et rester à terre quelque temps ; puis, quand on allait pour les ramasser, elles repartaient comme si de rien n'était. Le meilleur plomb est le 7. Il n'y a pas d'autres règles ; car elles varient beaucoup, et ce qui est vrai aujourd'hui ne le sera peut-être pas demain.

CHAPITRE X

CHASSE A LA BÉCASSINE, (SCOLOPAX).

Cette chasse vient naturellement après celle de la bécasse, mais est plus facile à réglementer. Il y a trois variétés de bécassines en Angleterre : la bécassine commune (*Scolopax gallinago*), la plus répandue ; la petite bécassine ou *bécot*, et la grande ou double bécassine (*Scolopax major*). Toutes trois émigrent, et leurs habitudes sont semblables. Quelques autres variétés se trouvent encore. La bécassine niche en Angleterre dans une certaine proportion, et on les trouve réunies en grand nombre autour des flaques d'eau et marais ; pendant les mois de juillet et d'août, on en voit souvent des centaines. Leurs habitudes se changent quand elles sont ainsi réunies en grand nombre, comme du reste toutes les bandes d'oiseaux qui sont toujours sur le qui-vive. Ainsi, on peut tuer une bécassine isolée dans un champ voisin d'une pièce d'eau qui en contient beaucoup sur ses bords, sans qu'une seule bouge. Si vous tirez sur l'eau, toutes s'enlèvent en poussant un petit cri perçant. L'opinion générale qu'une bécassine est le coup de fusil le plus difficile au monde, vient de son exiguïté, de son vol soudain et du crochet qu'elle fait. Quand on chasse la bécassine au chien d'arrêt, il n'y a que deux manières de les tuer. Ces deux manières sont : soit de tirer au moment où elles s'élèvent, ou d'attendre qu'elles aient fait leur crochet et repris leur vol direct. Ainsi les deux extrêmes se touchent, et un monsieur peut être un premier tireur de bécassines étant vite, et un autre tout aussi bon en étant lent. Nous en avons vu qui poussaient la chose jusqu'à prendre une prise de tabac entre le moment où la bécassine s'enlevait et celui où ils la tiraient, et la bête tombait toujours.

Ces philosophes avaient trouvé une analogie bizarre entre le temps qu'il faut pour priser et le temps nécessaire à une bécassine pour terminer ses crochets. Ce vol droit d'abord, puis tortueux, puis droit encore, peut être considéré comme le vol normal de la bécassine quand il fait chaud et qu'elle tient un peu. Pendant les temps froids, son vol est bien plus rapide, et il faut être plus vif; s'il fait de l'orage et du vent, elles vont moins vite et volent contre le vent; aussi il est utile de marcher avec le vent, contrairement à la règle générale; mais alors le coup est difficile; on se sert du plomb n° 8, sans trop de poudre, de peur de le faire trop écarter; mais il ne faut pas croire que la bécassine tombe aussi facilement que la bécasse. Son envergure est très-grande et elle vole facilement si on ne la touche pas à l'aile ou dans la tête, elle peut porter le plomb très-loin; on voit facilement leur remise, elles s'élèvent très-haut et retombent à peu près à la même place; mais elles courent à pied, et nous pouvons dire que presque jamais nous n'avons trouvé une bécassine juste à l'endroit où nous l'avions vue se remettre. Avec un chien sage, un grand sang-froid et une attention soutenue aux remarques ci-dessus, on peut devenir un bon tireur de bécassines, et une fois l'idée que c'est difficile passée, on trouvera ce tir tout aussi facile qu'un autre, en tout cas, bien plus que le perdreau ou le faisan, en arrière-saison.

Le bécot est terrible à chasser : il ne s'en va pas loin, sautille et court, puis vole un peu et se cache; à moins de le tirer avec de la cendrée, vous risquez fort qu'il ne passe dans votre coup entre les grains de plomb. Qu'y a-t-il de plus ridicule que de voir un sportsman de six pieds avec un chien d'arrêt et un retriever énorme, suivi d'un garde et d'un porte-carnier, marcher à la poursuite d'un bipède emplumé qui, s'il était mis sur un plateau de la balance, serait enlevé par une pièce de 0 fr. 05?

Quittons cet oiseau minuscule et passons à une autre proie.

CHAPITRE XI

CHASSE AUX CANARDS SAUVAGES.

Nous diviserons cette chasse en trois classes :
La chasse aux hallebrands ou jeunes canards.

La chasse aux canards sur l'eau douce et sur les rivières, et la chasse aux mêmes canards ainsi qu'à leurs congénères nombreux sur les bords de la mer et aux embouchures des fleuves.

La chasse aux hallebrands commence vers le 20 juillet. On les trouve sur tous les cours d'eau et marais où les canards nichent, et encore sur les lacs dans les roseaux. Quand il fait très-sec, on les trouve dans les endroits où il y a de la mousse; ils cherchent là un peu de fraîcheur, ne pouvant en trouver ailleurs; quand il pleut, ils se répandent partout, et il est souvent difficile de les trouver. En tout temps il faut les chasser avec un chien de la race setter ou un retriever; il faut un bon chien, sage et hardi, et ne s'écartant pas trop. Jeunes, on les tue aisément;

une fois arrivés à leur croissance et en pleines plumes, ils s'enlèvent vite et offrent de beaux coups de fusil, mais pas toujours faciles. C'est encore le plomb favori n° 6 qui est le plus sûr; en fait, on ne saurait trop dire quel est le gibier pour lequel il n'est pas préférable, à l'exception des petits oiseaux, tels que bécasses et bécassines. D'un bateau, on tue facilement des hallebrands dans les roseaux. Une fois gros, il faut tirer comme sur les faisans, un coup du roi, en visant la tête seulement. Au mois d'août, en Écosse, il arrive souvent de faire lever des canards dans les trous de mousse, la main et l'œil ne sont pas préparés, et comme ils ont un vol très-rapide, on les manque souvent. En tirant haut, on remédie au peu de préparation que l'on a, et on les descendra quand même; ils peuvent porter beaucoup de plomb, aussi fera-t-on bien de les guetter, car ils peuvent aller tomber roides morts sans accuser le coup sur le moment. Les petits *anatidæ,* comme la sarcelle, s'enlèvent presque perpendiculairement, la tête en l'air, droite, et en tournant sur eux-mêmes comme sur leur axe, ce qui rend le tir fort peu commode. Un coup déterminé bien haut en avant pourra seul les jeter à terre; s'ils ne reçoivent que quelques grains de plomb, ils les emporteront.

Quand il gèle, on trouve les canards sur les cours d'eau rapide où ils se réfugient, tandis que les étangs et lacs sont recouverts d'une couche de glace épaisse. Les rivières qui ont des bords élevées sont les meilleures pour ce genre de sport : vous pouvez approcher les oiseaux sans être vu, et les tirer au moment où ils s'envolent. Néanmoins, cette chasse est fort désappointante ; on emploie généralement le plomb n° 4 ou n° 6 ; les cartouches grillées sont fort recommandables pour les tirer de loin. Le retriever est indispensable, mais il doit être très-docile, et ce n'est que s'il se présente sur un îlot où les canards peuvent se réfugier, qu'on a besoin d'un chien pour les faire lever. Pour arriver à tirer des canards à portée, il faut parfaitement connaître la rivière et ses bords, sans quoi on n'a aucune chance.

Sur les bords de la mer et aux embouchures des fleuves, on tire assez facilement le canard, d'un bateau à voile, quand il souffle une brise légère. Il y avait autrefois sur la Clyde, près du château de Dumbarton, une chasse aux canards extraordinaire. Nous nous souvenons qu'amené là, encore jeune homme, par Malcoim Macrae, un artiste comme rameur, godilleur et tireur, dont nous étions l'élève, notre premier essai fut de tirer un canard avec un orgueil et un plaisir inouïs. Nous ne pouvons pas oublier le moment où Macrae ayant abordé sur la rive, il nous demanda de godiller la barque en remontant le courant pour faire lever les oiseaux et les faire voler. Avec quelle émotion nous nous enfoncions dans le brouillard! Il y avait devant nous comme des étendues d'herbes marines qui tout à coup s'envolèrent avec un bruit et une musique tels, que pendant un certain temps nous étions incapables de rien faire, tellement l'émotion était vive. En un instant l'air était rempli des cris perçants des courlis, des sifflets des canards, des sons gutturaux des sarcelles, et des « coin-coin » plus prononcés des vrais canards; en même temps leur passage faisait l'effet d'un vent d'orage. A moitié tremblant de peur, nous fîmes feu de notre petit calibre 20 à un coup (que d'histoires pourrait raconter ce fusil! que de prouesses et de maladresses!); nous tirions sur une bande de quelque chose qui passait au-dessus de notre tête, et nous entendions le plomb frapper sur les plumes, comme des pois sur une porte; enfin, ô joie! une magnifique sarcelle était tombée.

En pleine mer, le bateau à employer doit être large, plat, et peint avec une couleur claire. Marchant à pleine voile, on peut arriver à tirer les canards qui vous croisent; mais le but est de les diviser. Si l'on en voit deux ou trois qui se séparent, il faut les poursuivre immédiatement; s'ils ont volé près du rivage, on a encore plus de chance de les avoir. Bien caché au fond du bateau, courez droit dessus, les canards ne voulant pas voler vers la terre vous laisseront approcher, et s'ils s'enlèvent, ils voleront vers vous pour vous permettre de faire un coup double magnifique. — Le fusil express avec du 6, ou un fusil de forage ordinaire avec du 3, sont les meilleurs : la plume d'hiver est épaisse, et il faut du plomb pour la traverser.

Il n'y a pas de chasse pour laquelle le nouveau fusil express soit mieux adapté. Il est prouvé que sur un canard volant en l'air le fusil fait merveille ; en fait, un calibre 12 de 17 livres, en fait autant qu'un calibre 10 de 12 livres. — Souvent les canards bâtissent des huttes sur le bord des lacs, et on les y surprend.

En Amérique, les sportsmen ont des plates-formes faites exprès sur lesquelles ils se tiennent pour tirer les canards en l'air. On les chasse aussi sur petits canots, mais cela n'est nullement prudent pour les personnes qui n'y sont pas très-habituées ; car, si, pour une raison ou une autre, votre coup rate, vous piquez une tête en avant, surtout si vous tirez à angle droit avec la quille ; et si le coup part, le recul vous fait faire la culbute en arrière dans l'eau. La chute en avant explique le phénomène qui se produit, de ne pas sentir le recul à la chasse et de le sentir au tir à la cible. A la chasse, il y a une excitation qui produit une force latente, une force pour contre-balancer le recul; si ce recul ne se produit pas, cette force négative devient positive et jette notre homme à l'eau! Quoiqu'il y ait bien des choses curieuses dans tout ce qui concerne les armes à feu, ce fait nous semble fort surprenant.

CHAPITRE XII

CHASSE AUX OISEAUX DIVERS.

Quoique ne formant pas un genre de gibier proprement dit, il y a une certaine quantité d'oiseaux que le chasseur ne dédaigne pas en passant. Ainsi les courlis, les pluviers dorés, les foulques, poules d'eau, pigeons ramiers, hérons, sont autant de coups de fusil fort intéressants. Ce n'est pas notre but, dans ce petit traité, de parler de la façon de chasser ces oiseaux divers, qui n'appartiennent qu'à une branche secondaire du sport. Les pluviers dorés doivent être tirés même de très-loin. Ces oiseaux reviennent souvent sur eux-mêmes : sans doute ils sont curieux ; ils rebroussent sur le bruit, et on les tue alors du second coup.

Le ramier est un noble animal, mais il fait beaucoup de tort aux fermiers par la manière dont il se nourrit et par son appétit vorace. En automne, il se répand sur les blés semés et les déterre avec ses ailes puissantes ; il abîme ainsi vingt fois plus qu'il ne mange réellement. Les pois et vesces sont aussi très-recherchés par cet oiseau, et on dit qu'il fait des trous dans les racines mêmes : c'est un ennemi de la culture. On les tue en s'embusquant derrière un buisson à proximité d'où ils perchent le soir, et on les tire sur les branches. Les faines et les graines des renoncules sont leurs préférées, et au mois de juillet et d'août, c'est près de ces plantes qu'il faut les chercher ; ils sont encore jeunes alors et moins sauvages que les vieux. Les pigeons de rochers se tiennent sur les côtes de la Bretagne et de l'Irlande ; on les tue quand ils sortent de leur caverne.

Le héron voit de loin, mais n'entend pas bien. En terrain ouvert, c'est inutile de le suivre ; mais si on en voit un derrière un rocher, on peut l'approcher de très-près sans qu'il bouge.

La foulque est belliqueuse et chasse d'un étang tous les autres oiseaux ; par le fait ils sont dangereux, et il n'y a pas d'intérêt à les préserver.

Le courlis est l'oiseau le plus sauvage : toujours aux aguets, il vous fera travailler des heures à l'approcher et s'envolera juste au moment où vous l'apercevez.

Le vanneau est l'oiseau le plus innocent et le plus gracieux de tous ; son vol est irrégulier, et son corps est si petit qu'il est rare qu'on l'attrape. Les œufs de vanneau ont une saveur délicieuse, et on les ramasse avec soin pour le marché des grandes villes, où ils se vendent très-cher. On va même jusqu'à peindre les œufs d'autres oiseaux pour les faire ressembler aux œufs de ce pauvre vanneau innocent.

Les jeunes gens ne dédaignent pas la chasse aux corbeaux (perchés sur les arbres en mai); le vrai fusil qu'il faut est un petit fusil à balle. Si on veut en tuer beaucoup, servez-vous de 3 ou de 4, car si la force du plomb ne les jette pas à terre, ils s'accrocheront des heures aux branches avant de tomber.

On discutera toujours la question de savoir si le corbeau est nuisible ou non aux récoltes; le fait est que la réponse doit être oui et non. En quelques heures ils détruisent tous les vers et chenilles qui se trouvent dans un champ, et ils les aperçoivent d'une très-grande hauteur; mais, par contre, ils mangent volontiers le blé semé et les pommes de terre. Dans cette alternative, le remède est simple. Protégez-vous contre eux pendant la saison, et laissez-les en paix suivre la charrue. Les corbeaux mangent en bande dans un champ, se voient de loin et sont facilement chassés, contrairement aux ramiers, qui travaillent en cachette et dans des endroits auxquels on ne s'attend pas.

CHAPITRE XIII

CHASSE AUX CHEVREUILS. (*CERVUS CAPEOLUS*).

Nous ne parlerons pas de la chasse au cerf au fusil, mais nous dirons quelques mots de la chasse au chevreuil; il y en a beaucoup en Écosse depuis qu'on a augmenté les plantations.

C'est à la fin d'octobre et au commencement de novembre qu'ils sont en rut. La femelle met bas en avril ou en mai, généralement deux faons, quelquefois trois, qu'elle cache avec beaucoup de soin et d'adresse. Le chevreuil vit environ douze ans, et un bon animal adulte pèse jusqu'à soixante-dix livres. Comme les autres, ils perdent leur bois tous les ans, et le brocard adulte a une tête très-gracieuse. Nous avons une tête de chevreuil qui est la plus large que nous ayons vue. Cette tête provient d'un brocard qui se tenait aux environs du château de Culzeau chez le marquis d'Ailsa. Les bois se bifurquent en trois branches, et leur symétrie est remarquable. Le chevreuil fréquente les bois secs et se tient en bordure de préférence. Si on les dérange, ils suivent ordinairement une ligne tracée, et ceci étant connu leur est souvent fatal, car on se porte sur leur passage; ils ont en outre une habitude semblable à celle qu'ont les éléphants, de doubler leurs voies exactement et les chèvres de chercher les endroits montueux, autour desquels ils tournent. Ils imitent encore les éléphants en se cachant dans des creux profonds, ce qui déroute les batteurs.

Le chevreuil voyage beaucoup, et la nuit il change souvent de place. On le tue avec le fusil de chasse et du gros plomb; le n° 0 est le meilleur.

Nous pensons qu'un petit fusil à balle est l'arme qu'il faut, car le chevreuil a soin de se tenir hors de portée du fusil de chasse. Il faut faire grande attention de ne pas tirer dans la direction des batteurs; on se place aux passages, et on bat le bois doucement et sans beaucoup de bruit; le chasseur ne doit pas remuer du tout. Si le chevreuil passe vite et qu'on voie le coup difficile, il faut légèrement remuer ou tousser, et il s'arrêtera un instant, vous facilitant ainsi le tir; on vise au défaut de l'épaule. La viande du chevreuil est excellente et facile à digérer. Maigre, on en fait du bouillon : les estomacs faibles s'en trouvent bien; c'est à dix-huit mois qu'ils sont les meilleurs, et la femelle vide est encore plus succulente. Ils font un tort considérable au taillis.

On poursuit quelquefois les chevreuils avec des lévriers, quand il y a de petits bois entrecoupés de plaines; les bonds de ce gracieux animal sont très-grands et lui font parcourir facilement beaucoup d'espace.

CHAPITRE XIV

QUELQUES MOTS SUR LA MANIÈRE DE PIÉGER.

Peut-être aimera-t-on à avoir quelques notions sur la manière de piéger : c'est un art où il y a place pour beaucoup d'adresse. C'est la pratique seule qui rendra bon piégeur, et on apprendra plus en faisant une tournée avec un garde expérimenté, qu'en lisant des traités sur la matière pendant un an ; aussi nous n'avons l'intention que de dégrossir la question en en donnant les principes.

C'est grâce à la manière dont on piége qu'on reconnaît si une propriété est bien gardée. Voici la liste des bêtes puanes détruites pendant trois ans dans la contrée d'Inverness. Cette nomenclature donnera une idée des espèces de bêtes qui se trouvent en Écosse.

- 11 renards.
- 198 chats sauvages
- 246 fouines.
- 106 putois.
- 301 herminettes et belettes.
- 67 blaireaux.
- 48 loutres.
- 78 chats domestiques devenus sauvages.
- 27 aigles à queue blanche.
- 15 aigles dorés.

- 18 Orfraies ou aigles pêcheurs.
- 98 faucons bleus.
- 7 faucons orange.
- 211 éperviers.
- 75 milans.
- 5 faucons à pattes jaunes.
- 63 autours.
- 285 buzards.
- 371 buzards à pattes de velours.
- 3 buzards à miel.
- 402 émouchets.
- 78 émerillons.
- 83 faucons à queue arrondie.
- 6 gerfauts.
- 1431 corbeaux huppés ou corbeaux à charogne.
- 475 corneilles.
- 35 petits-ducs.
- 71 hibous.
- 3 hibous dorés.
- 8 pies dorées.

Le gibier a augmenté dans une proportion considérable après une pareille destruction. On alloue aux garde-chasse une gratification pour les bêtes qu'ils détruisent en plus de leur gage; certes cette récompense est utile, mais il ne faut pas que leur zèle soit stimulé plus que de raison. Les renards ne détruiront pas de gibier de façon à nuire, s'ils trouvent du lapin en quantité suffisante. On dit que les hérissons mangent les œufs, mais bien des sportsmen expérimentés nient le fait. En tout cas, tout pesé, le pour et le contre, les circonstances parlent contre eux; car il est prouvé qu'ils volent des œufs et des poulets dans les basses-cours.

Voici une anecdote à ce sujet : Un garde fort intelligent nous a dit avoir vu une fois un hérisson prendre un jeune lapereau dans sa rabouillère, le tuer et lui sucer le sang. Puis le destructeur retourna en chercher un autre et lui fit subir la même opération. Il le tuait en lui plaçant les dents sur le naseau et la bouche, et le suçait par là.

Un animal terrible comme destructeur, c'est le chat domestique devenu sauvage. Aussi est-ce une querelle continuelle entre les gardes et les propriétaires de chats. Nous avons tué un jour un énorme chat domestique, à la sortie d'un terrier, et le coup d'après nous tuâmes un rat que le furet faisait sortir aussi; il avait le dos et les côtes couverts d'une magnifique fourrure marron, et le ventre et la poitrine d'un blanc pur. Les chiens qui errent dans les bois nuisent beaucoup au gibier en le dérangeant sans cesse. Les chiens de berger avalent souvent des petits perdreaux. Le hibou en général est inoffensif. Les corbeaux coiffés sont très-mauvais; ils pillent les nids en enlevant les œufs de dedans avec leur bec crochu, et, serrant l'œuf, ils vont à un cours d'eau en avaler le contenu. Pourquoi les portent-ils à l'eau? Nul ne sait. Les mouettes mangent beaucoup d'œufs aussi, et les moors situés près de leurs nids sont souvent dévastés. Quant aux geais et aux pies, il ne faut pas les tolérer. Les pies sont malignes et difficiles à approcher; néanmoins un bon garde doit avoir une pie apprivoisée et les attirer facilement. Les pauvres oiseaux sont si bavards qu'ils viennent tous pour causer avec la pie privée. Que de personnes en feraient autant! Les coqs de bruyère, et en général tous les vieux oiseaux, peuvent être classés comme vermine; car ils battent et chassent les jeunes qui produiraient. Les loutres s'attaquent plus volontiers aux poissons, mais mangent parfaitement des lapins au terrier.

Ces nobles oiseaux détruisent la vermine plus petite qu'eux. Nous recommanderons de respecter la race des faucons en général en Écosse, comme moyen préventif de la maladie des grouses. En effet, ces animaux s'attaquent aux grouses faibles et que la maladie atteint, et empêchent ainsi la contagion qui se répand aussi bien par leur contact avec un oiseau sain que par l'eau qu'ils empoisonnent en buvant, ce qu'ils font sans cesse quand ils sont malades, altérés par l'inflammation. L'auteur a écrit en 1855 et 1856 de nombreuses lettres sur la destruction des vermines, qui ont été publiées dans le *Field*. Voici l'une d'elles :

« Pour piéger les oiseaux de proie, il faut distinguer d'abord ceux qui s'attaquent aux animaux vivants et ceux qui ne mangent que les charognes. Le faucon, l'émerillon et l'émouchet sont des oiseaux hardis, et le mode de les prendre est tout différent de celui qu'on emploie pour le busard, la buse, le paille-en-queue et la soubuse.

« L'aigle n'est guère à sa place ici parmi ses congénères de petite taille ; le meilleur appât pour lui est un chat blanc vivant, fixé à la terre par le corps ; pour qu'il puisse remuer ses pattes, on le place au milieu de trois piéges à ressorts solides pour que l'aigle se prenne en frappant pour le tuer. Le faucon est aussi capturé de la même façon ; l'appât sera un pigeon en vie.

« Un simple morceau de drap rouge attirera l'émouchet et l'émerillon sur le piége. L'émouchet parcourt dans l'espace le même terrain, tous les jours à la même heure, ce qui rend sa prise facile. On se sert aussi d'une cage remplie d'alouettes ou d'autres petits oiseaux, et on enduit les barreaux avec de la glue ; le faucon et l'émouchet s'y prendront sûrement. Nous avons vu une cage ainsi faite, que l'oiseau en se précipitant dessus, comme ils font, se trouvait lui-même enfermé dans un compartiment à part.

« Le busard, la buse, etc., sont des oiseaux qui préfèrent leur proie morte : un lièvre ou un lapin est ce qu'il y a de mieux ; ils s'élèveront au-dessus de la proie pour la reconnaître : il faut donc la placer en vue et sur un endroit élevé.

« On choisit un monticule ou le sommet d'un poteau; pendant quelques fois, ne placez que de la mousse pour habituer ces oiseaux à leur présence, puis placez la proie à quelques pas de l'élévation ou du poteau où sera le piége; l'oiseau se posera sur la hauteur et se trouvera pris.

« Les bords du piége ne devront pas joindre absolument, sans quoi ils couperont le membre et ne retiendront pas l'oiseau; il ne faut pas placer les piéges à moins de cinq cents mètres les uns des autres. Il faut bien étudier les mœurs de l'oiseau que l'on veut prendre avant de procéder à le piéger.

« L'aigle et le faucon sont les amis des gardes, car ils détruisent des vermines plus voraces qu'eux. Dans le comté de Sutherland, on a détruit en une année dix-huit aigles, et le résultat a été une diminution notable dans les grouses l'année suivante. L'aigle chasse les corbeaux de leur nid et les détruit ainsi; on a vu que les corbeaux huppés sucent les œufs dans la rivière : on en a compté une fois au mois de mai jusqu'à dix-sept de faisans et quatre-vingts de coqs de bruyère, ce qui est énorme comme l'on voit. Les corbeaux et corneilles sont très-difficiles à piéger, et c'est ce qui a fait employer le poison, notamment la strychnine, dont les émanations seules sont dangereuses. Voici une méthode pour piéger les corbeaux.

« Placez et amorcez un piége sur le bord d'une rivière qui se jette dans une plus profonde. Prenez un œuf de poule ordinaire, videz-le, remplissez-le de terre molle, puis l'ayant fixé à l'extrémité d'un petit bâton, plantez le bâton au fond de l'eau, de façon que l'œuf soit au niveau de l'eau : votre piége doit être tendu en travers, au-dessus de l'eau, attaché à une extrémité audit bâton et à l'autre sur la terre ferme, et formera ainsi un petit pont dont l'oiseau se servira pour aller à l'œuf ; il se prendra et se noiera, ce qui l'empêchera de crier, car c'est encore un inconvénient : les cris des corbeaux pris sont tels, qu'ils éloignent leurs camarades pour longtemps de cette façon ; même s'ils ne se noient pas tout de suite, ils seraient peu à leur aise pour crier.

« Pour piéger la vermine rampante, c'est toujours le long de l'eau qu'il faut agir ; cherchez leur piste et suspendez l'appât de façon que l'animal soit distrait et regarde en l'air ; il marchera alors, plus facilement sur le piége. Les piéges doivent être propres et ne pas garder d'odeur, même des mains. Ce qui est encore mieux, quand on a pris une fouine, c'est de ne pas y mettre d'appât, l'odeur qui reste sera suffisante.

« Pour prendre les loutres, on attache son piége sur son passage à la sortie de l'eau, et on y fixe une grosse pierre ; la loutre voudra se réfugier au fond de l'eau, et ne pouvant soulever le poids, s'y noiera. Les piéges faibles sont souvent les meilleurs parce que l'animal les entraînera bien, mais ne pourra se défaire au détriment d'un membre, ce qui arrive fréquemment avec des piéges qui offrent une résistance. Les assommoirs sont très-employés pour les belettes et les fouines : on les construit en forme de croix. La pièce qui écrase s'imprègne de l'odeur de la vermine et en attire d'autres.

« Si l'on emploie la strychnine, il faut agir avec grande précaution. Mais le mieux est de ne pas s'en servir, car le poison est si violent qu'il n'est nullement prudent de le placer là où il y a possibilité qu'un être humain puisse passer. Le camphre est l'antidote de la strychnine ; si les convulsions ont empêché de pouvoir avaler, il faut donner des injections camphrées et des bains d'eau camphrée, mais le poison est très-rapide. »

CHAPITRE XV

RÉSUMÉ.

Portez un fusil selon votre force. Servez-vous d'une crosse aussi droite qu'un manche à balai, si vous le pouvez. Si en épaulant votre fusil vous êtes obligé de dandiner votre tête pour attraper le centre de la culasse avec votre œil, le fusil ne vous vaut rien, mais il est peut-être excellent pour un autre.

Ayez soin que votre fusil soit parfaitement propre et pas bouché.

Pour les fusils Lefaucheux, servez-vous de grosse poudre ; dans les temps humides, choisissez la poudre reluisante et mettez-en davantage ; quand il pleut, ne tirez pas du tout.

Dans le fusil express de M. Dougall, augmentez la poudre et diminuez le plomb, même pour les grandes portées ; cela peut vous paraître extraordinaire, mais c'est vrai.

Bourrez bien la poudre, moins le plomb. Prenez une bourre compacte pour les fusils faibles et une bourre plus lâche pour les fusils qui écartent.

Ne partez jamais pour la chasse tout de suite après avoir déjeuné, à moins d'avoir une route à faire. Si vous marchez trop le matin, vous le payerez dans l'après-midi.

En chassant, réservez une place centrale, sans y aller, pour que le gibier s'y réfugie, et ne battez jamais cet endroit.

En chassant avec des chiens, suivez-les, ne les perdez jamais de vue, et en cas de doute, fiez-vous à eux n'importe où. Préférez les vieux chiens aux jeunes. Marchez tranquillement sur l'arrêt et ne vous pressez pas.

Soignez bien vos chiens, donnez-leur une litière

sèche, frictionnez-les le soir. Inspectez leurs pieds pour les coupures et les épines, ne les frappez que rarement, et alors, sévèrement.

En visant, tenez le corps droit, la tête élevée, le fusil bien enclavé dans l'épaule et les deux yeux fixés sur l'objet. Le fusil doit venir de lui-même en joue mécaniquement. Un bon tireur ne peut pas expliquer comment et pourquoi il tue.

A une grande portée, jetez votre ligne de tir en avant si la bête se présente en travers, et au-dessus si elle s'en va. Si vous voulez tirer à droite, inclinez votre tête fortement à droite; à gauche, de même, et redressez beaucoup la tête pour tirer loin et en face.

Si vous êtes fatigué, reposez-vous une demi-heure et ne buvez pas d'alcool; en marchant, laissez aller votre corps selon les mouvements de terrain, et vous aurez moitié moins de peine. Si vous sentez que vous allez vous blesser aux pieds, changez vos bas de pied et portez toujours des bas de laine épais.

Dans toute chasse, suivez les règles. Pour tuer une pièce de plus, ne faites rien qui soit défendu : vous gâtez votre chien et risquez, si vous êtes en visite, de ne plus être invité. La chasse est un plaisir; le gibier que l'on tire n'en est que l'assaisonnement. Tâchez de conserver de bonnes relations avec vos voisins.

Nous terminerons cette seconde partie en disant un mot de ce que peut faire un fusil de chasse sur une cible. En 1835, en tirant contre une cible de 7^m × 5^m placée à 40 mètres, avec du plomb n° 6, 270 grains ; un calibre 18 avec 2 gr. 50 de poudre, a mis 60 grains de plomb (un peu moins du quart de la charge). Un calibre 14, avec 330 grains de plomb et 3 grammes de poudre, a envoyé 90 grains (un peu plus du quart). Et enfin un calibre 12 avec 5 grammes de poudre et 375 grains de plomb en a placé 100 grains. Quant à la pénétration, elle a été de 25, 30 et 40 grains à travers 24 feuilles de papier. C'est peu, comparativement à ce que l'on fait aujourd'hui, et on peut dire que maintenant, si à une portée normale le chasseur ne tire pas, la faute est derrière la détente.

De 1844 à 1862, j'ai donné tout mon temps et mon travail à augmenter le pouvoir du tir des armes : j'ai perfectionné le forage, et je suis arrivé à une amélioration de 40 pour 100.

Nous avons déjà dit que notre fils avait traversé 40 feuilles de papier avec du plomb mou, ce qui n'avait encore jamais été fait. Nous plaçons généralement 185 grains de plomb dans une cible de 7 mètres, ce qui est fort beau.

Si l'on se sert du moyen indiqué précédemment, nous verrons qu'un fusil à piston, le meilleur que nous ayons vu, avec 350 grains de plomb n° 6, à 40 mètres, envoyait 25 à 28 grains sur la feuille de zinc, et 15 à 18 au travers. Aujourd'hui, à 45 mètres, nous pouvons en mettre 50, et 46 au travers de la feuille à $0,35 \times 0,25$. On peut conclure si les armes ont fait des progrès.

Nous parlerons de la nouvelle balle de lord Keane. Cette balle est faite pour être employée dans les fusils express contre les animaux féroces. Ses effets sont effrayants ; on peut s'en rendre compte en tirant sur un tas d'argile ou de papier épais. Entrant par un petit trou, elle forme une cavité intérieure, avec une telle force qu'elle écrase tous les os qu'elle rencontre. Ce résultat s'obtient au moyen d'un arrangement ingénieux en la coulant !

TROISIÈME PARTIE

BUT DE LA CHASSE A TIR.

CHAPITRE UNIQUE.

Nous avons initié le jeune sportsman à la pratique de la chasse et aux moyens à employer pour la mettre à exécution. Nous allons passer à la troisième partie : *le but de la chasse.* Les deux premières divisions de ce livre peuvent être discutées dans les détails ; mais l'ensemble est vrai et incontestable. Ici, nous entrons dans le domaine de la discussion ; car, notamment depuis quelques années, des écrivains de talent se sont appliqués à prouver que les sports en plein air étaient immoraux et dégradants. Que nous fait ceci, direz-vous, et pourquoi dans ce livre ne pas vous en tenir aux conseils que vous donnez ?

Certes, pour nous, nous l'aurions fait ; mais comme on écrit des choses insensées sur cette question, nous tenons à faire ressortir la vérité et l'honnêteté de ce que nous croyons bien. Condamner une chose bonne en elle-même par de faux arguments est tout aussi mauvais que de prôner une mauvaise chose. Et quand des hommes de grande réputation, des personnes célèbres, se mettent à dénigrer injustement, par ignorance ou caprice, une chose incontestablement bonne à tous les points de vue, ils amoindrissent beaucoup leur influence.

De tout temps il y a eu des critiques. L'arrangement imparfait de ce monde (peut-être une des preuves naturelles les plus grandes de l'existence d'un état de choses plus élevé dans l'avenir) a donné naissance à des écrivains de ce genre sans fin. Leurs thèmes sont différents. Nous vivons dans un temps d'excitation anormale de l'intelligence, au détriment du développement physique. Ceux de nos lecteurs qui ont lu les essais classiques du dix-huitième siècle ont pu voir combien les gentilshommes campagnards de cette époque, leurs femmes et leurs filles s'accordaient à s'opposer aux mœurs trop raffinées des grandes villes. On ne pensait qu'à rester chez soi, et à s'occuper de ses terres et de ses affaires. On en voulait même à ceux qui avaient essayé d'introduire les manières de la capitale dans les maisons de campagne. Néanmoins tout le monde sait que la partie intellectuelle et le progrès de la civilisation viennent des villes. Aujourd'hui le courant coule en sens contraire; peut-être le vingtième siècle verra-t-il encore tourner la roue, et les critiques de l'avenir essayeront-ils de soutenir les sports de la campagne, et détruiront-ils le mal fait par les avocats d'une intelligence mal placée, qui les attaquent en ce moment.

Il serait relativement facile d'écrire un « Essai » digne d'un écolier sur les avantages de l'exercice. Tout homme pensant admet que l'exercice est une des conditions de l'hygiène. Sur quoi l'on dispute, c'est sur la légalité de cet exercice, comme impliquant de la cruauté envers les animaux, quand il se manifeste dans les sports champêtres. La controverse a été soutenue d'un côté avec toute la force et l'adresse de logiciens pratiques, posant des principes entièrement pour le besoin de leur cause, et aussi, selon nous, confondant à dessein le sens des mots ou les détournant de leur vraie signification ; de l'autre côté, la controverse n'a eu que des réponses vagues, telles que, par exemple, la preuve de l'utilité de la chasse aux renards, tirée de ce que ce sport profite aux différentes classes de la société et améliore la race des chevaux. Dans le même esprit, mais avec l'enjoué du Français, quand un philosophe demandait à son voisin s'il croit permis à un homme de tuer un perdreau, ce dernier répondait : « Bien sûr, quand la chasse est ouverte, avec un port d'armes dans sa poche. — Mais sérieusement, continuait le philosophe, un homme est-il autorisé à tuer un oiseau créé par Dieu ? — Cette plaisanterie! réplique le sportsman, si l'homme le mange! — Vous pensez alors qu'un homme peut manger une perdrix sans crainte? — Je le pense sans aucun doute, si elle est bien cuite et servie avec une bonne rôtie. »

Il serait peut-être plus prudent de laisser la question en face du bon sens et de l'expérience des hommes en général, et non pas des esprits trop transcendants qui ne se contentent pas des lois naturelles, si les arguments de ces derniers ne faisaient pas beaucoup de mal.

Aussi regrettons-nous que les réponses faites par les sportsmen, parmi lesquels plusieurs se sont distingués dans la littérature et qui seraient par suite à même de discuter la chose gravement, soient plutôt défensives, et qu'au lieu d'opposer des arguments sérieux, on fasse l'éloge du contraire.

On pourra déplorer, en effet, que ce soit nous qui entreprenions de répondre, car on peut nous accuser de partialité, vu notre profession d'armurier; mais c'est justement notre état qui nous a mis à même d'étudier la question à fond, et sans être plus sentimental qu'il ne faut, nous avons la cruauté en horreur. Nous pouvons ajouter que nous avons été en contact depuis notre enfance avec des sportsmen, et que nous avons toujours remarqué une douceur extrême chez eux avec les animaux, que jamais nous ne les avons vus cruels dans les champs. Il n'y a donc rien qui, dans le plaisir, endurcisse le cœur ou efface les sentiments, car nous avons constaté que cette disposition augmentait avec l'âge. Dénoncer et avoir l'air de prouver que des choses innocentes et permises sont vicieuses, vous entraine nécessairement à confondre le vice avec la vertu, et ceux qui attaquent la moralité de ces distractions feraient bien de voir où leurs arguments cessent d'être justes.

A ceux qui voudront examiner sans passion la question, on peut, je crois, prouver que les plaisirs des champs sont en concordance parfaite avec la nature et les besoins de l'humanité et n'enfreignent en rien les lois morales. — La base de la question repose, selon nous, sur la nécessité du *travail;* sur cette sueur qui coule sur le front de l'homme, qui lui permet de manger du pain, et qui est une nécessité de sa santé, tant au point de vue physique qu'au point de vue moral. Si nous acceptons la théorie répandue que l'homme a passé par les différents états de chasseur, d'agriculteur et de commerçant, les écrivains qui attaquent les plaisirs champêtres trouveraient des arguments, s'ils pouvaient assigner l'époque où l'homme change d'état, et, s'il change jamais, à quelle époque il peut se dessaisir des qualités qu'il porte en lui; ou, si l'on veut, qu'ils prouvent si, dans les premiers âges du monde, la qualité de commerçant n'était pas à l'état latent chez l'homme, et, par la même raison, si, dans les temps actuels, la qualité de chasseur n'existe pas encore e si elle peut être éteinte. Notre opinion est que la nature de l'homme est toujours la même, à travers tous les temps. Elle peut être modifiée; mais il ne perd rien de ses penchants naturels.

De même que l'instinct commercial existait autrefois plus ou moins, se manifestant d'abord par les trafics les plus élémentaires, de même le goût de la chasse, aujourd'hui qu'elle n'est pas le seul moyen de vivre, comme par le passé, subsiste néanmoins et ne peut pas être effacé complétement. Si nous acceptons le fait de l'homme traversant ces âges successifs que nous avons cités plus haut, nous devons avouer que nous le retrouvons aujourd'hui composé du chasseur, du pasteur, du laboureur et du commerçant. Ces penchants existent dans le cœur de tout homme. On a dit avec plaisanterie, mais véracité, que si un rat traversait le pont de Londres, les affaires, s'agirait-il de millions, seraient suspendues car tous courraient après; et tous ceux qui ont lu l'histoire savent que, même dans les moments les plus suprêmes, quand deux armées sont sur le point d'en venir aux mains, un malheureux lièvre qui se montre est capable de retarder la bataille On a vu le fait se produire en 1870, pendant la guerre franco-prussienne. L'instinct du chasseur domine l'instinct du guerrier, et on a vu des soldats quitter les rangs sous le feu de l'ennemi. Existe-t-il une nation sur la surface du globe où la passion de la chasse n'existe pas sous une forme ou sous une autre, et n'avons-nous pas l'autorité de Cicéron, qui nous dit que dans toute chose le consentement de toutes les nations s'accorde avec les lois de la nature, et qu'y résister serait vouloir résister à la voix de Dieu?

Il est facile d'attaquer les institutions humaines, et souvent ces attaques, comme dans le cas dont nous parlons, sont admises, quoiqu'elles soient le résultat d'un parti pris; car non-seulement les arguments sont tendus et exagérés, mais les reproches contre la moralité de la chasse proviennent de ce que le point de départ de la discussion prend son origine, ou dans le désir de nuire, ou dans une parfaite ignorance. Dans l'un et l'autre cas, ceux qui attaquent les sports des champs sont incompétents pour juger la question. Si maintenant ils prétendent avoir étudié le sujet et en être les maîtres dans toutes ses parties, ils peuvent être accusés de fermer les yeux sur la plupart des cas et de confondre sous la même rubrique des sports qui n'ont aucune analogie entre eux. On a beau jeu, quand on ne connaît pas absolument une question, de l'attaquer; principalement quand on reproche l'immoralité et la cruauté, on pose en principe et comme prémisses du raisonnement, des axiomes absolument faux, mais qui servent à la cause. Sur cent lecteurs, quatre-vingt-dix-neuf accepteront des principes ainsi établis, sans prendre la peine d'en examiner la portée ; par suite, la preuve est facile ; généralement, on admet trop facilement ce qu'on lit, on s'en rapporte à ceux qui écrivent bien plus qu'à ce que l'on sait. Les mots, quoique simplement les véhicules de la pensée, passent pour des vérités, et dans l'espèce ils ont joué ce rôle au suprême degré, faisant admettre comme vrais des raisonnements faux fondés sur la confusion qu'ont mise les adversaires entre des pratiques sauvages et cruelles et les sports des champs, qui n'ont rien de commun avec elles, non-seulement par leur essence, mais même par leur nom ; et ceux qui ont ainsi voulu tromper le public en désignant par le même mot deux choses parfaitement distinctes sont très-coupables.

Il leur est permis d'ignorer la pratique d'une chose ; mais la définition à lui donner est le premier élément nécessaire à toute discussion, sans quoi de grands inconvénients pourraient découler de la confusion de deux objets distincts compris sous la même dénomination. La meilleure cause serait perdue par ce procédé. Les adversaires du sport n'ont pas seulement usé de faux arguments, mais ils se sont arrogé une sorte de supériorité morale qui, par la nature même des choses, leur a servi considérablement. Du premier coup, ils ont eu toutes les personnes qui ont bon cœur de leur côté. Se reposant sur ce principe qu'en fait de morale, quand il y a doute, il faut s'abstenir, une grande quantité de lecteurs, dans le cas qui leur est soumis, préfèrent dire qu'il vaut mieux abandonner les sports des champs, pour être sûr de ne pas enfreindre la morale, sans réfléchir qu'on peut retourner la question et que les rôles seraient changés. Rester sur la défensive équivaut à reconnaître ses torts; nous voulons prendre la chose de plus haut dans cet écrit.

Il est possible qu'il soit bien et d'un cœur généreux de protéger les animaux. Le vieil adage nous dit : « *L'homme miséricordieux est miséricordieux même envers les bêtes.* » Mais l'homme n'a-t-il pas des droits à la générosité et à la bonté? N'a-t-il pas besoin de se protéger contre des maux de toute sorte? Par sa nature ne possède-t-il pas certaines qualités innées, certaines tendances sagement implantées en lui pour protéger sa vie et le soutien de sa race? Peut-il être intellectuel et purement intellectuel, ou bien matériel et purement matériel? L'une de ces natures semble-t-elle vouloir dominer l'autre? et étant admis que cela puisse advenir, comment accomplirait-il ses devoirs dans la vie ? Ce sont autant de questions fort sérieuses, auxquelles il ne suffit pas de répondre légèrement. *Ne furca naturam expellas.*

La première objection à laquelle nous voulons répondre est verbale. *In limine,* nous protestons contre le mot *amusement,* appliqué aux sports des champs. Cette fausse interprétation du mot se trouve au début de la discussion ; elle conduit l'esprit à des conclusions les plus erronées. Le verbe « s'amuser » et ses dérivés ne s'appliquent qu'aux choses que l'on fait quand on se repose. Il vient du mot français muser, qui en italien veut dire faire le paresseux, et dans les autres langues, avec quelques différences de lettres, il signifie toujours rester dans l'inaction. Dans aucune langue que nous connaissions, il n'a voulu désigner les sports en plein air ; on les nomme la chasse ou ses équivalents : l'action étant l'essence même du sport. On peut trouver de l'amusement dans la capture ou la mort d'un animal ; mais il ne s'ensuit pas que ce mot doive être employé pour désigner le sport. On a bien le droit, quand on est attaqué, de demander qu'on se serve de termes clairs et précis contre vous. L'offensé a même le choix des armes. En tout cas, nous ne demandons aucune concession en retirant le mot amusement, qui dénature la question.

Il y a quelques années, un samedi après midi, en

flânant, je rencontrai un individu occupé à tendre des filets pour prendre des alouettes et autres petits oiseaux. C'était en France, et en causant avec l'oiseleur, il me dit qu'il arrangeait tout cela pour s'amuser le lendemain ; l'expression était juste. Je sus après que cet individu était un maître d'école ; cet homme sentait qu'il ne fallait pas employer d'autres termes pour son infime sport, et il se garda bien de dire qu'il allait à la chasse.

Le mot *sport* a un sens très-complexe. C'est la cause en même temps que l'effet ; c'est le plaisir, la gaieté et l'émotion. Il s'applique à tous les exercices du corps et de l'esprit aussi bien permis que défendus, et même à ceux qui ont des tendances à porter au mal. Aussi tous les jours abuse-t-on du mot. Le simple moraliste, qui se laisse guider plutôt par les mots que par les faits et une connaissance sérieuse, établit peu de différence entre le sport vrai et le faux sport. On appelle sport le plaisir de détourner un cerf sur les hautes montagnes de l'Écosse ; on appelle sport les horribles batailles entre rats et chiens ; on appelle encore sport des jeux de hasard qui se pratiquent dans les taudis infects des villes. Cette confusion de mots a un effet déplorable sur l'étude de la question, et c'est bien faible de la part des critiques de se tromper à ce point et de ne pas distinguer le vrai sport de celui qui ne l'est pas.

Si au moins on ajoutait au mot sport un qualificatif tel que : sport en plein air, ou sport champêtre, sport des champs, on serait bien obligé de ne pas comprendre la chasse dans l'ostracisme avec les horribles pratiques qui consistent à faire souffrir un chat ou à traîner un blaireau bâillonné, ou encore à harceler un taureau. Quand on attaque le sport, on cite toujours ces passe-temps cruels, et on dit que la chasse aux renards est semblable. Servez-vous du mot amusement, à tort si vous voulez; mais vous n'avez aucun droit de tromper le lecteur en mettant dans le même sac les pratiques vicieuses et indignes d'un homme et les distractions permises, salutaires et nobles que l'on désigne par le mot de sport.

Le mot amusement, encore une fois, veut dire inaction; la chasse veut dire action : voilà où réside la différence et d'où naît l'erreur.

Nous mettons en fait et défions d'être contredit, que celui qui s'adonne à la chasse se livre à une des occupations les plus fatigantes. La chasse au faucon, la chasse à courre, sont très-pénibles. Rien de plus dur que la poursuite d'un cerf à pied, et le grouse, l'été, par la chaleur, demande une grande vigueur pour être atteint et poursuivi toute une journée. La pêche, qui s'étend depuis la pêche au saumon jusqu'à la pêche à la ligne, est pour ainsi dire la démarcation entre la chasse active et l'amusement tranquille. On peut donc dire que l'on reconnaît un vrai sport à ce qu'il exige de la peine de celui qui y prend part par lui-même; au contraire, dans le faux sport, on agit par substitution ; le plus souvent les sportsmen (que le ciel me pardonne le mot) ne sont que des spectateurs qui s'adonnent à leurs penchants brutaux et qui, vraisemblablement risquent des enjeux sur certaines éventualités.

Les agents actifs sont des hommes ou des chiens, qui, enfermés dans un espace restreint, se battent avec rage, comme dans les combats de chiens et dans les pugilats, ou des chiens qui tuent des rats et des chats après les avoir torturés : c'est pour ce motif que les combats de taureaux d'Espagne sont à déplorer.

On a été jusqu'à comparer les dégoûtantes luttes entre chats et chiens à la chasse au renard : le chat ne peut pas se sauver, il est obligé de se placer dans un coin de la chambre et de s'y défendre comme il peut; tandis que le renard a l'espace devant lui et met toute la ruse et l'énergie dont il est doué à se sauver, ce qui lui réussit souvent. Nous sommes vraiment étonné, après avoir mûrement examiné la question d'une façon tout à fait impartiale, qu'on puisse établir de pareilles comparaisons. Que l'on considère le sport que l'on voudra parmi les vrais sports, le foot-ball, le cricket, le canotage, le patinage, etc., et partout l'action, l'action, l'action! comme dit Démosthènes, c'est l'essence de la vie.

Il nous semble que voulant incriminer les sports en plein air, on aurait dû commencer par définir loyalement les choses dont on voulait parler. Une fois cela fait, que l'on traite chaque chose selon ses mérites. Si les sports des champs sont mauvais, que l'on dise comment et pourquoi; mais n'allez pas les condamner par de fausses allégations. Ne dites pas que la chasse à courre, les combats de taureaux et les luttes de boxe sont également des actes cruels ne variant que de quelques degrés sans vous informer d'abord s'il est honnête et impartial d'établir une parallèle entre la chasse à courre et les combats de ce genre; du reste, quant à ce qui regarde le plus ou moins de degré de cruauté, nous avons de la peine à admettre cette théorie, car en matière de conscience, ce qui est mal n'est pas bien, et nous ne voyons pas de milieu.

Nous avons prononcé le mot cruauté; disons-le, d'abord rien n'est plus facile que de crier à la cruauté sans réflexion. Nous parlons en général et espérons être compris. Nous donnons un exemple, non un argument. On parle souvent de cruauté par pur sentimentalisme. La bonté parfaite est impossible en morale, même dans la divinité. Dans des questions aussi élevées au-dessus de celle-ci que la lumière l'est au-dessus de la nuit, « un Dieu tout de miséricorde est un Dieu injuste ».

Mais sans nous élancer dans les régions au-dessus de notre sujet, nous pouvons constater que la stricte exécution de nos droits est souvent stigmatisée de cruauté.

Prenons l'exemple d'un propriétaire et de son fermier, d'un créancier et d'un débiteur. Que de fois n'entendons-nous pas parler de la cruauté du propriétaire! Jamais on n'appelle le fermier cruel, et cependant il se peut qu'il prive son créancier de la nourriture nécessaire à sa famille. Le débiteur est toujours la victime qu'on plaint; le créancier, le cruel oppresseur. On ne ferait plus crédit si l'on ne pouvait soutenir ses droits pour être remboursé, et le crédit parti, le commerce serait ruiné, anéanti, et cependant, malgré cela, les sentimentalistes exagérés appellent cela de la cruauté.

Dans le même sens, toute destruction d'animaux, à l'exception de ceux qui nous sont nécessaires pour manger ou nous vêtir, est appelée cruelle, sans avoir égard aux circonstances. Les sentimentalistes ne limitent pas la quantité d'animaux que l'on peut mettre à mort pour satisfaire ces deux besoins; mais aussitôt qu'il s'agit de tuer un animal sans avoir ce but en vue, ils se récrient bien fort. On pourrait

12.

leur demander s'ils se figurent que le Créateur a
décidé que les animaux ne devaient mourir que de
vieillesse. Tout semble prouver le contraire, et rien
n'est plus pénible que de voir (heureusement le fait
se produit rarement) l'agonie de bêtes trop vieilles.
Les lions et les bisons mourant ont touché le cœur
de bien des voyageurs, et la description de ces
scènes impressionnent le lecteur le moins sensible.

Un voyageur véridique nous raconte un fait très-
curieux : Dans les contrées du nord de l'Europe,
quand les cigognes, après les couvées faites, se pré-
parent, au commencement de l'hiver, à émigrer vers
le sud, elles font des vols pour essayer leurs forces,
et celles qui ne se montrent pas capables sont mises
à mort par les autres! Comme les cigognes ne se
nourrissent que de grenouilles qui ne se trouvent
pas en hiver, époque où elles se cachent dans des
retraites inaccessibles, ces oiseaux trop faibles, s'ils
restaient, mourraient de faim. Quel admirable instinct que celui qui commande aux oiseaux de sauver
leurs compagnes d'une mort douloureuse! La preuve
de la prévoyance divine est manifeste ; on y voit
l'action de la Providence qui donne aux cigognes
elles-mêmes le don de prescience et les rend cruelles
pour être charitables.

L'Écriture nous dit : L'homme a tout pouvoir sur
les poissons de la mer et sur les oiseaux du ciel et

sur tout ce qui se meut sur la terre, et la sagesse profonde qui a présidé à cette loi est tangible quand on considère qu'il serait impossible autrement de définir les limites du droit de l'homme pour utiliser les bêtes de la création.

Si la discussion est possible encore aujourd'hui, qu'aurait-elle été sans cette loi? Les choses étant ainsi, on ne peut qualifier de cruel que celui qui torture, et le sportsman qui s'adonne aux sports des champs ne doit nullement mériter cette qualification. Sans quoi les recherches des naturalistes, les récréations de la foule, les passe-temps innocents des invalides seraient répréhensibles. Peut-on comparer la douleur que l'on inflige à un lièvre ou à un renard chassé qui échappe ou meurt instantanément à la torture prolongée qu'on fait supporter aux animaux carnivores enfermés dans les ménageries? Est-ce que le cheval est toujours disposé à être scellé? Connaît-on ses sentiments quand on lui met le harnais? Dois-je renvoyer ma perruche en Afrique et expédier mon bouvreuil là où sa race a pris naissance? Tant que ces questions seront sans réponse satisfaisante, nous avons le droit de dire que si d'un côté la bienveillance abstraite nous défend de nous servir d'animaux d'un ordre inférieur qui, s'ils en avaient le pouvoir, nous refuseraient leur service; d'un autre côté, l'état actuel des choses arrangées par la Providence nous autorise à envisager la question non point à un point de vue purement humanitaire et sentimental, mais bien au point de vue de la raison et de l'utilité en général. C'est par cette manière de voir avec une conscience faussée et à côté de la vérité que Shelly est devenu athée.

Nous avons le mot « convenances » en horreur; néanmoins, voulant ici expliquer plutôt ce que c'est que la vraie cruauté que de donner des arguments en faveur des sports des champs, nous trouvons que la singulière doctrine de Paley sur les convenances est applicable. Dans le cas d'un créancier et d'un débiteur, on ne demande pas ce que le créancier veut faire de la somme qui lui est due. Cela peut être pour se nourrir ou se vêtir, pour faire un voyage d'agrément ou un cadeau. Le sentimentalisme n'a rien à voir dans le droit du créancier à réclamer sa dette, et cependant le sportsman est accusé de cruauté, s'il ne chasse pas uniquement pour se nourrir ou se vêtir, sans faire attention que ce sport est incontestablement utile au point de vue de l'hygiène physique et morale.

L'abus des termes et la confusion des choses permises et non permises ne font pas seulement un tort négatif : ils sont positivement nuisibles et font plus de tort à la morale que tous les sports du monde, même poussés à l'excès. Il est un fait certain, c'est que toute chose exécutée et prônée par les hautes classes, est analysée et scrutée par ceux qui sont au-dessous, soit par leur âge, soit par leur position ; ils en examinent le bon côté et bien plus encore le mauvais. Ce dernier côté est le plus souvent imité et suivi. Il faut qu'un moraliste soit bien peu au courant de ce qui se passe dans les classes qu'on est convenu d'appeler « classes laborieuses », pour ne pas connaître leur tendance à raisonner les choses en les comparant mal à propos. Les jeunes gens, dans toutes les classes, ont aussi cette disposition, mais encore plus celle de l'imitation. Ni l'une ni l'autre de ces catégories d'individus ne peuvent traiter une question sincèrement, mais ils sont très-habiles à en faire ressortir les défauts. Ainsi, ils comprendront tout de suite la comparaison entre un combat de chats et de chiens et une chasse aux renards, sans entrer plus à fond dans la question. Aussi quelle grave responsabilité incombe à l'écrivain qui donne tout le poids de sa réputation à ce parallèle ! Ne voit-il pas que par le fait de son raisonnement il met sur la même ligne les combats de chats et les chasses aux renards, quand ces dernières sont légales et peuvent être honnêtement défendues, tandis que les autres doivent être rejetées et exécrées ?

Le mot sportsman trompe les jeunes gens, mais

comment peuvent-ils distinguer le vrai du faux, le légitime de l'illégitime, si des hommes plus âgés et plus sages les confondent?

Il n'y a pas que les personnes qui sont directement touchées qui se trouvent influencées, mais la société en général s'en ressent. Les parents, professeurs, amis, voisins, regardent de travers les jeunes sportsmen comme faisant mal. La chaîne sociale ne peut pas être brisée d'un côté sans malheur. Un homme attaqué serait plus qu'un homme s'il n'attaquait pas à son tour. Si le bon l'évite, il évitera le bon. Que les bons soient persuadés qu'ils sont dans le droit tant qu'ils ne feront pas de mal effectif et qu'ils ne se placent dans la position de ceux qui inventent les péchés, car ceux-là sont plus répréhensibles que ceux qui les commettent.

Les journalistes sont plus exposés à se laisser influencer par cette confusion de termes. Je veux parler de ces écrivains qui, pour les exigences de leur profession, traitent des sujets qu'ils ne connaissent pas et en parlent par suite avec honnêteté, mais à leur point de vue, et n'étudient pas une question d'après ses mérites, et sans la passion inévitable qui les fait écrire dans l'intérêt exclusif de remplir les colonnes d'un journal. Il y avait une catégorie de journaux qui imprimaient côte à côte les récits d'un pugilat et les résultats d'une pêche avec une pureté de style d'Isaac Walton. D'autres traitaient les sports d'anathème! Nous avons lu dans un journal américain un article où on racontait une scène de boxe, et on terminait en regrettant que ce genre de *sport des champs* aille en décroissant dans les États-Unis. Dernièrement même, un journal de Londres qui est très-lu déplorait la quantité de terre à blé qui était perdue à cause de la chasse aux grouses. Croit-on que cet écrivain parlait après avoir vu? Non; il obéissait à la passion du moment, qui voulait condamner tous les sports. Encore cet auteur savait-il où s'arrêter; mais ceux qui l'ont reproduit voulant épicer leurs articles pour satisfaire le palais de leurs lecteurs, ont fait encore plus de mal en répandant le mensonge. Au fond, ils ne sont pas blâmables; ils prennent pour dit ce qui n'est pas prouvé, et d'après le principe que nous avons énoncé, qu'en morale la prudence veut qu'on s'abstienne, ils ont la conscience tranquille. La faute en est à ces écrivains de grande réputation, que les journalistes reproduisent les yeux fermés. Que de mal ne font-ils pas en opposant les classes les unes aux autres, sans compter qu'en voulant dénoncer une pratique cruelle ils attaquent celle qui ne l'est pas, et réhabilitent celle qui l'est. Dans beaucoup d'exemples la plaisanterie joue un rôle. Il y a quelques années, le 12 août, a paru un article dont voici à peu près les termes : « A cette heure-ci, où le journal est entre les mains de nos lecteurs, les cors des chasseurs font résonner les mille collines de l'Écosse, et plus d'un beau coq, après une chasse animée, a souillé la verdure de la bruyère de son sang cramoisi, etc., etc. » Cet article me plut tout particulièrement, et je me mis à y répondre par un paragraphe encore plus épicé. Je décrivais les chevaux et les habits rouges, les chasseurs éperonnant leurs montures et les chiens lancés à toute vitesse ; mais l'écrivain n'a pas voulu l'avaler.

Comme corollaire de ces quelques observations, qu'il nous soit permis de citer ce passage de la biographie de Benvenuto Cellini, écrite par lui-même :

« J'étais encore un jeune homme de vingt-trois ans, il y eut à Rome une épidémie si terrible qu'on y mourait par milliers ; quoique peu rassuré moi-même, je m'étais mis à mouler en cire des figures que je prenais sur les anciens monuments ; d'autres fois je les dessinais. Comme dans toutes ces ruines il y avait beaucoup de pigeons qui y avaient établi leurs nids, j'eus l'idée de me récréer avec mon fusil de chasse. C'était une façon de fuir les habitants infectés. Je réussis à merveille et en tuai parfois de très-gros. Je tirai toujours à balle, et comme j'étais assez adroit, je parvins à en tuer beaucoup. La poudre dont je me servais était aussi fine que de la poussière; et pour l'usage je découvris un des secrets les plus utiles à connaître. Pour en donner une idée, je dirai seulement qu'en chargeant mon arme avec une quantité de poudre égale en poids au cinquième du poids de la balle, mon but en blanc était à 200 mètres. Je me trouvais à merveille de cet exercice, et je rétablis ma santé qui était chancelante; l'air me fit beaucoup de bien, et mes nerfs, qui étaient très-secoués, se raffermirent. Mon moral fut remonté.

« Je n'avais plus de moments tristes et je pus faire beaucoup plus de besogne; en un mot, mon fusil me rendit un grand service. »

Dans ce passage, on voit l'essence même de la question, et le lecteur curieux remarquera que Cellini avait découvert le but en blanc de nos armes actuelles plus de trois siècles avant qu'il fût connu. Le monde sait maintenant que c'est à l'exercice de la chasse qu'il doit que Cellini soit devenu l'artiste qu'il a été et les perles au point de vue de l'art qu'il nous a laissées. S'il était resté enfermé dans son atelier à surveiller ses ouvriers, qui sait? peut-être n'aurait-il jamais rien fait de bien!

Quelle est donc la raison qui fait que les hommes chassent? Voici la réponse : Il faut un contre-poids pour rétablir l'équilibre dans l'ordre intellectuel; tout progrès de l'intelligence s'acquiert par une tension constante de l'esprit qui fatigue ; la vie des villes, le luxe, la nécessité d'habiter des endroits où l'espace est restreint, nécessité dictée par les devoirs commerciaux, légaux ou législatifs, et l'inutilité pour les personnes qui ont un capital de travailler dans les champs, font que le corps et par suite l'esprit deviendrait inutile et dépérirait si l'équilibre n'était pas maintenu. On pourrait demander : Pourquoi ne peut-on pas prendre d'exercice sans aller à la chasse ? La réponse est simple : Plus nous travaillons mentalement, moins nous sommes dispos à exercer notre corps d'une façon égale sans un stimulant ; ce stimulant, la chasse nous le procure. Mettez un fusil dans les mains d'un homme qui fera difficilement une lieue sur la grande route, et vous aurez plus de peine à l'empêcher de faire dix lieues qu'à lui en faire faire cinq.

L'esprit se repose, le corps seul est en jeu ; le rhétoricien, le savant, le marchand ardent au lucre, le philosophe disparaissent, et le chasseur caché dans tout homme affirme sa prérogative.

Nous croyons pouvoir affirmer que pour développer au plus haut degré nos facultés mentales, l'exercice qu'exige notre corps nous nuirait pour obtenir ce maximum de l'intelligence : il faut laisser pour un temps dormir le corps. Le penseur, l'avocat, l'homme d'État aussi bien que le marchand, le manufacturier en un mot, tout homme d'affaires, doit donner toute son intelligence à sa partie pour se tenir au niveau avec ses égaux, mais il doit périodiquement prendre son congé complet.

Les hommes ne se livrent pas à la chasse en raisonnant la chose aussi philosophiquement ; mais ils obéissent à un instinct qui les pousse à accomplir des actes concordants avec les lois de la nature. Ils n'ont pas besoin de raisonner ces lois pour y obéir : La loi est là, on s'y conforme; le Créateur a pourvu aux conséquences. Le duc d'Argyll, dans un article remarquable sur l'instinct des animaux, l'a dit très-clairement : « La confiance que nous mettons dans les résultats de nos raisonnements dépend de la confiance que nous avons dans l'harmonie qui est établie entre l'instinct et la nature..... » Nous voyons qu'il y a une loi instinctive chez les animaux, et que chez nous cette loi n'est pas seulement vraie en nous amenant à satisfaire tel ou tel appétit, mais vraie aussi quant aux conséquences qu'elle entraîne, qui sont d'une très-grande importance tant à notre point de vue qu'à celui de toute la création.

Ce sujet nous amène à montrer que l'odeur que laisse le gibier, la façon dont il se blottit d'abord (les oiseaux en particulier), puis s'élève en l'air à portée de nos armes, tous les instincts du chien de chasse, son nez, son obéissance, etc., sont autant de preuves d'un ensemble arrangé par un pouvoir bien supérieur à celui de l'homme. On peut dire que l'homme a dressé un chien, mais on ne peut pas prétendre qu'il lui a appris à distinguer le gibier de ce qui n'en est pas.

Il y a bien des hommes qui chassent et qui ne travaillent pas, mais ceci n'est pas un argument contre nous; et d'ailleurs, dans ce cas, le sport est encore un contre-poids dans un autre sens. Aucune loi ne peut être divisée. Ce ne serait pas non plus une preuve contre nous de dire qu'il existe des hommes jouissant d'une santé très-robuste qui s'abstiennent de la chasse; pas plus que si l'on disait que nous ne devrions pas manger parce que d'autres ont trop mangé.

En outre, cet état de santé exubérante qui nous est opposé par les sentimentalistes contre la chasse, doit demander un déversoir pour éviter l'excès.

Un autre argument sérieux est celui-ci : plus on bâtit, plus on a envie de démolir. Nous avons tous un désir ardent de faire quelque chose de tout à fait différent des combinaisons de l'intelligence. De là la dissipation, et ceux qui dénoncent les sports des champs comme immoraux risquent d'être accusés de prôner une immoralité bien plus grande, car l'homme cherchera d'un côté quelconque à sortir de sa routine. Je ne connais pas une occupation, à l'exception de la chasse, plus réconfortante que de tailler les haies. M. Gladstone se fait bûcheron à ses heures de récréation. Quand ce grand orateur de son siècle, député de Birmingham, fut convalescent, il y a une vingtaine d'années, les médecins lui conseillèrent d'aller en Écosse faire un peu de sport, lui qui l'avait tant blâmé, et nous ne pûmes nous empêcher d'écrire un article qu'il a pu lire. Quand il tira hors de l'eau sa première truite, il s'écria : « *Tu quoque Br...* ! » Depuis, sa santé très-améliorée lui permet de pêcher régulièrement ; nous lui souhaitons de jouir encore longtemps de ce plaisir.

Nous ne savons pas si ce que nous allons dire cadre ici, mais nous avons remarqué que lorsque les facultés intellectuelles atteignent leur plus haut développement, la famille s'éteint ou les descendants sont complétement privés de cette faculté. La famille des Bernouilli, ces mathématiciens célèbres, est une des seules exceptions ; pendant plus de cent cinquante ans tous les membres de la famille furent célèbres. L'exception prouve la règle ; il serait donc beaucoup plus rationnel, pour la transmission de l'esprit, de mélanger un peu de sport aux études pour éviter cet inconvénient.

La justesse de ce raisonnement semble être acquise par la façon dont cette règle a été suivie par les hommes les plus sages, les meilleurs et les plus purs d'entre tous. Témoins Georges Washington, qui a toujours eu un équipage de renard. Le duc de Weillington soutenait son esprit, sa vigueur et son courage par ce même moyen ; Burton, le philanthrope, n'était pas seulement un sportsman, mais il attribuait tous les succès de sa vie à l'éducation qu'il avait reçue en morale d'un vieux garde-chasse illettré, mais animé de bons sentiments, et il a été fidèle à sa mémoire jusqu'à ses derniers jours!

Qui peut lire sans attendrissement et sans prendre part à son chagrin les lignes que la reine a écrites, tirées d'un livre intitulé : *Pages du journal de notre vie dans les Highlands?* Elle y raconte les exploits de chasse de son jeune mari ; connaît-on parmi toutes les femmes une seule qui soit plus humaine et bonne que Sa Majesté? et cependant elle se plaît à parler des succès du prince, de ses désappointements et de ses joies. Témoin un magnifique cerf que le prince Albert avait tué et qu'elle dessina de sa main pleine d'amour! Nous voyons ces mêmes goûts pour les nobles sports chez son fils ; non, nous ne craignons pas pour les destinées d'un pays qui a de tels exemples sous les yeux, ni ne redoutons la décadence du Bas-Empire.

A propos de la chasse, dans les classes commerçantes, nous n'oublierons jamais une conversation que nous avons eue avec un Américain de l'ouest des États-Unis. Jamais la question n'avait été posée plus clairement devant nous : « Mon père, monsieur, me dit-il, fut le premier homme qui se soit servi d'un fusil à deux coups dans notre pays, et quand j'étais gamin il me faisait tuer des écureuils à balle. Mon père était le seul qui tuait des oiseaux au vol. Il était un grand sportsman et nous faisait chasser régulièrement, pour nous rendre forts et durs à la fatigue. Nos voisins disaient : Ce M. Ma. O... se ruinera, et ses enfants ne gagneront jamais rien, car il les envoie chasser au lieu de travailler. Eh bien, monsieur le temps a passé, et loin de nous ruiner nous avons eu tous les succès possibles. Je suis à la tête d'une grande maison, mon frère est riche, et je tue mes seize écureuils à balle sur dix-sept ! Parmi les jeunes gens qui se moquaient tous sont morts ; les uns de ceci, les autres de cela, mais presque tous parce que leur seul but était de gagner, de l'argent, et plus d'un je vous en réponds, a dû se dire à son lit de mort : Ce M. Ma. O... avait raison, et c'est nous qui avions tort après tout ! »

Cette petite anecdote contient le germe d'une vérité philosophique.

Il existe un fait qui semble établi, qu'en dehors de la lutte pour l'existence en général, il y a une lutte plus acharnée chez les individus qui sont étrangers au pays. Supposons deux familles d'émigrants. Leurs enfants pour s'acclimater feront de l'exercice, les indigènes suivront les errements de leurs parents ; les uns s'assiéront à leurs bureaux, les autres tueront des hirondelles ; il est facile de prédire qui survivra.

L'Américain est un type de bon sens. Il n'y a rien de plus faux que de considérer la chasse comme un reste de féodalité et de croire qu'il ne faut pas la tolérer dans un pays républicain.

Bien des lecteurs seraient étonnés d'apprendre que les lois, dans les États-Unis d'Amérique, sont plus strictes qu'ici, et que la chasse s'étend à un bien plus grand nombre de gibier. Les amendes sont bien plus fortes. Ce ne sont pas seulement les recéleurs qui sont pris, mais tout employé de chemin de fer, porteur, ou qui que ce soit qui transporte du gibier ou du poisson en temps prohibé, sont passibles de la loi, et on peut faire chez eux, ou n'importe où et à n'importe quelle heure, une descente pour rechercher le corps du délit, et on peut même forcer les meubles pour en examiner le contenu. Voilà des lois, à la bonne heure ! Les chasseurs se sont aussi réunis, et il y a une centaine d'associations contre le braconnage en pleine voie de prospérité. Un gibier vient-il à diminuer, le gouvernement en interdit la chasse pendant plusieurs années, s'il le faut. Les Américains semblent être résolus à maintenir la vigueur de leur race par les moyens que la nature leur a donnés.

Si nous examinons un pays tout différent par ses institutions et le pays le plus peuplé d'Europe, la Belgique, nous trouverons des lois tout aussi restrictives. Nous avons été prié par le ministre d'intérieur de faire une enquête à ce sujet, et nous avons appris que non-seulement le fermier est responsable des braconnages qu'il fait, mais même de ceux commis par des mineurs; ce qui est très-sévère, et cependant, tandis que l'on dit qu'une culture intensive est incompatible avec l'existence de lois sur la chasse, il y a peu de pays en Europe aussi bien cultivés que la Belgique.

Certes on ne doit pas conserver du gibier outre mesure, mais nous avons constaté bien souvent que là où les fermiers se plaignaient le plus il y avait plus de bruit que de dégâts réels. Ce que nous voulons faire, c'est nous inscrire en faux contre les plaintes causées par les daims, et les forêts, surtout en Écosse, qui contiennent un certain nombre de ces animaux pour le sport. Ce sont pour la plupart du temps des terrains vagues, improductifs, où il n'y a pas un arbre, quoiqu'on les appelle « forêts », et comme cela serait une très-mauvaise spéculation de nourrir des bœufs ou des moutons, nous croyons que c'est insensé de se plaindre des « forêts » de daims.

Il y a quelques années nous avons lu les attaques les plus violentes dirigées contre l'acquéreur d'une propriété en Écosse, parce que ce dernier l'avait convertie en « forêt » ; or, en allant aux renseignements, nous apprîmes que fermiers et sous-fermiers s'y étaient ruinés, et que les voisins remercièrent le nouvel acquéreur d'avoir ainsi, en la convertissant en forêt, c'est-à-dire « parc aux daims », retiré de sous leurs yeux la tentation de la louer et de s'y ruiner aussi.

Le but immédiat de la chasse à tir est de stimuler ce que nous appelons un travail concentré, un travail proportionnel à l'inaction physique qui l'a précédé, une action forcée pour se soumettre aux lois de la civilisation et des travaux intellectuels. Il est inutile d'expliquer l'effet qu'elle produit sur le corps humain, personne ne le conteste. L'appétit augmente, la digestion est plus facile ; et quoique nous ayons évité ici de parler de la cuisson du gibier, ce que d'autres livres ont traité, l'appétit du chasseur est proverbial. Il y a deux mille ans, Euripide écrivait :

$$\text{Τερπνὸν ἐκ κυναγίας}$$
$$\text{τράπεζα πλήρη}$$

que nous pouvons traduire librement :

> Rien ne vaut après une marche ou un bien aller
> Une table bien servie vous promettant un bon dîner.

Les effets que produit l'exercice de la chasse sur l'intelligence sont de première importance. En revenant à Cellini nous voyons qu'il dit : « Mon esprit se raviva soudain, je n'étais plus triste. » Pourquoi? Il ne pouvait pas sans doute l'expliquer lui-même, mais il témoignait d'un fait qui s'explique de lui-même par l'expérience. Nous nous souvenons que notre ancien ami et professeur, le révérend docteur Norman Macleod (qui était entièrement de notre avis, quant à la moralité des vrais sports), riait beaucoup quand nous lui disions qu'un nuage de mélancolie disparaissait aussi vite de l'esprit du chasseur que lorsqu'on ouvre un rideau à la fenêtre d'une chambre obscure et que le soleil y pénètre. Nous voyons que le bénéfice s'étend donc bien loin.

Il ne serait peut-être pas déplacé de dire que très-probablement toutes ces maladies qui, sous différentes dénominations, sont appelées « *maladies de nerfs* », viennent de l'impuissance des poumons à consumer, à brûler réellement le combustible fourni par le foie; de là la bile qui s'accumule et envahit jusqu'au cerveau, ce qui amène la mélancolie, les maladies noires; et les anciens l'appelaient la bile noire; en désignant ainsi la chose par son vrai nom, quoique la maladie semble mentale, elle est physique. Jusqu'à ces derniers temps on pensait que le foie sécrétait quotidiennement une petite quantité de bile qui devait être utilisée dans le canal alimentaire, mais des recherches modernes prouvent que la bile sécrétée tous les jours est de trois livres et demie ! En outre, le foie sécrète de l'amidon et de la graisse, qui deviennent autant de combustible pour alimenter notre machine. Nous ne prétendons pas définir exactement ces phénomènes ; mais nous prenons nos assertions aux sources les plus autorisées. Si la fournaise, c'est-à-dire les poumons, ne pouvait pas, à cause du manque d'exercice, consumer le combustible qui lui est fourni, les conséquences en seraient fatales.

Le meilleur remède contre l'accumulation de la bile est le travail stimulé par quelque chose, la fatigue étant en général la conséquence de la maladie ; sans stimulant, on ne travaille pas ; voilà la preuve du raisonnement du duc d'Argyll, que l'instinct nous mène à des résultats bien plus étendus que nous ne le supposons. Un jeune homme bien portant a envie de tuer un lapin. Plus tard, c'est encore la chasse qui remontera son énergie prête à chanceler.

Nous avons parlé des maladies nerveuses parce que, on peut le dire, ce sont les maladies à la mode aujourd'hui ; et l'art de guérir consiste de plus en plus à s'occuper de l'hygiène de l'individu et de l'exercice qu'il prend qu'à le droguer. « Avez-vous un billard ? demandait un médecin de Londres à un malade qui venait le consulter. — Non. — Eh bien, achetez-en un et jouez-y deux heures par jour avant de vous coucher, cela vous fera dormir et vous fera plus de bien que toutes les drogues du pharmacien. »

Cette recommandation et quelques règles générales d'hygiène furent les seules prescriptions du médecin, qui avait bien gagné son louis.

Pour terminer ces remarques, nous dirons que nous n'avons nullement l'intention de donner plus d'importance à la question qu'elle ne le mérite. Une bonne chose est toujours bonne à sa place. Mais on s'efforce à tout moment d'attaquer, comme mauvais et pernicieux, ce que nous considérons comme un sage arrangement de la Providence pour préserver la vigueur de la race humaine, et je suis très-satisfait de livrer mon argument non-seulement aux sportsmen, mais à toute personne intéressée au bien-être de l'humanité.

FIN.

TABLE DES MATIÈRES

	Pages
Préface du traducteur	VII
Introduction	IX

PREMIÈRE PARTIE. — MOYENS

CHAPITRE I. — DU FUSIL.

§ I. Construction des canons	1
§ II. Longueur des canons	6
§ III. Du calibre	11

CHAPITRE II. — DE LA CROSSE.

§ I. Crosse proprement dite	15
§ II. Platine	26
§ III. Gâchettes	26

CHAPITRE III

Du recul	27

CHAPITRE IV

Le fusil pour chasser au bois	36

CHAPITRE V

Fusils se chargeant par la culasse	37

CHAPITRE VI

Du fusil de chasse	46

CHAPITRE VII

Fusils express	57

CHAPITRE VIII

Des munitions	72

CHAPITRE IX

Des chiens 87

CHAPITRE X

Accidents provenant des armes à feu................ 110

CHAPITRE XI

§ I. Entretien, nettoyage des armes à feu....... 114
§ II. Comment on charge les fusils.............. 116

DEUXIÈME PARTIE. — PRATIQUE

Chap.
I. Chasse au lapin............................. 121
II. Chasse au lièvre........................... 125
III. Chasse au grouse.......................... 132
IV. Chasse au coq de bruyère. 140
V. Chasse au coq des bois................... 146
VI. Chasse au ptarmigan 147
VII. Chasse au perdreau....................... 149
VIII. Chasse au faisan.......................... 158
IX. Chasse à la bécasse 167
X. Chasse à la bécassine................... 169
XI. Chasse au canard sauvage.............. 172
XII. Chasse aux oiseaux divers............. 177
XIII. Chasse au chevreuil...................... 180
XIV. Quelques mots sur la manière de piéger... 182
XV. Résumé.. 189

TROISIÈME PARTIE. — BUT

CHAPITRE UNIQUE.

But de la chasse à tir................................. 195

PARIS. — TYPOGRAPHIE DE E. PLON ET Cie, RUE GARANCIÈRE, 8.

En vente à la même Librairie :

Remarques sur les chevaux de guerre, par un ancien soldat (Alexandre GAUME). Un vol. in-18. Prix . . . . 3 fr.

Voyages, Chasses et Guerres, par le marquis DE COMPIÈGNE. Un volume grand in-8°. Prix . . . . 3 fr. 50

Les Marins du XV° et du XVI° siècle, par le vice-amiral JURIEN DE LA GRAVIÈRE. Deux vol. in-18 avec cartes . . . . 8 fr.

Esquisses et Croquis parisiens, petite chronique du temps présent, par BERNADILLE. 1re série. Un vol. in-18. Prix. . 3 fr. 50

Esquisses et Croquis parisiens, par BERNADILLE. 2e série. Un vol. in-18. Prix. . . . . 3 fr. 50

Aventures aériennes et expériences mémorables des grands aéronautes, par W. DE FONVIELLE. Vol. in-18 avec grav. 4 fr.

Les Soirées fantastiques de l'artilleur Baruch, par A. SALIÈRES. Un vol. in-18. . . . . 3 fr. 50

Le Brigandage en Italie, depuis les temps les plus reculés jusqu'à nos jours, par Armand DUBARRY. Un vol. in-18. . 3 fr. 50

Les Communeux — 1871. — Types, caractères, costumes, par BERTALL. Un superbe album in-4° avec planches coloriées. 3e édition. Cartonné toile. Prix . . . . 10 fr.

Les Prussiens en Alsace-Lorraine, par un Prussien, traduit de l'allemand par Louis LEGER. Un vol. in-18. Prix. . . . . 3 fr.

Leurs Excellences, par BRADA. Un vol. in-18. . . . . 3 fr.

La Comédie parisienne, scènes mondaines, par ANGE-BÉNIGNE. Un vol. in-18. Prix. . . . . 3 fr. 50

Le Retour de la Princesse, par Jacques VINCENT. Un vol. in-18. 2e édition. Prix. . . . . 3 fr. 50

Le Neveu du Chanoine, par Alfred DU PRADEIX. Un volume in-18. Prix. . . . . 3 fr. 50

L'Impasse des Couronnes, par Léon ALLARD. Vol. in-18. 3 fr.

Légendes militaires : I. *Je suis du régiment de Champagne*; II. *Auvergne et Piémont*, par A. FIÉVÉE. Vol. in-18. 3 fr. 50

Le Sergent d'Armagnac. — Le Ressuscité, légendes militaires, par A. FIÉVÉE. Un vol. in-18. Prix. . . . . 3 fr. 50

Un Drame à Constantinople, par LEÏLA-HANOUM. In-18 . . 3 fr.

PARIS. — TYPOGRAPHIE DE E. PLON ET Cie, RUE GARANCIÈRE, 8.

www.ingramcontent.com/pod-product-compliance
Lightning Source LLC
Chambersburg PA
CBHW070619170426
43200CB00010B/1845